가나가와 치히로의
경영 성공철학
100가지 비법

가나가와 치히로의
경영 성공철학
100가지 비법

가나가와 치히로 지음 | 최인한 · 김종필 옮김

ⓙ 중앙경제평론사

추천사

번역자 최인한 기자는 명실공히 일본 전문가 중 한 사람이다. 주일특파원, 일본경제연구소장의 경력뿐만 아니라 지금도 끊임없이 일본에 대하여 공부하는 인재이기 때문이다. 누구보다도 15년이 넘는 시간 동안 그를 곁에서 지켜봐왔기에 잘 안다.

그런 그가 한국 기업인을 응원하는 절절한 마음으로 일본 최고령 기업인의 경험적 지혜를 이 책을 통해 소개하고자 한다.

창업한 지 200년이 넘는 기업이 4,500개가 넘는다는 일본에서, 그가 특별히 신에츠화학공업의 가나가와 회장에게 관심을 보인 이유는 무엇일까?

'늘 전쟁터에 있다'라는 마음가짐으로, 경영자는 스스로 성장하며 실전에서 커야 한다는 가나가와 회장만의 강한 신념과 성찰에 그 답이 있다. 이 책에는 92세 현역 기업인의 육성을 빌려 최인한 기자가 국내 기업인들에게 전해주고픈 진실이 담겨 있다.

저자 가나가와 치히로와 번역자 최인한 기자의 염원대로 조직, 경영, 인재, 자신의 전 인생을 담아 우리 기업인들이여, 세계로 나아가자!

한일경제협회 상근 부회장 서석숭

전 세계적으로 200년 이상의 역사를 가진 장수 기업의 50%가 일본에 있다는 사실을 우리는 눈여겨볼 필요가 있다. 기업이 장수한다는 것은 오랜 기간 동안 한 분야를 깊이 파서 업(業)의 원천적인 경쟁력을 확보하고, 지속 발전시킬 때 가능하다.

신흥 장수 기업인 신에츠화학공업은 질소비료, PVC 사업을 거쳐 반도체 실리콘 웨이퍼 분야에서 최고의 기술과 품질로 시장 점유율 1위를 확보하고 있는 연 매출 14조 원의 깊이 있고 단단한 회사이다. 신에츠화학공업이 이룬 성과는 지난 28년간 최고 경영자로 세계 최고의 경쟁력을 갖추도록 일선에서 이끌어온 전문 경영인 가나가와 치히로 회장의 통찰과 집념의 결과일 것이다.

이번에 번역 출간된 이 책에 담겨있는 가나가와 회장의 경영 성공철학 100가지는 불확실성이 지속적으로 증가하는 경영 환경에 처한 우리나라 기업체의 최고경영자, 임원뿐만 아니라 조직의 리더, 그리고 어려운 세상을 헤쳐 나가야 할 우리 젊은 세대에게도 많은 도움이 될 것이라 생각되어 필독을 권한다.

공학박사/㈜실리콘마이터스 대표이사 허염

68년간의 회사 생활, 그리고 30여 년의 전문 경영인으로서 지금까지도 현역으로 왕성하게 활동 중인 신에츠화학공업의 가나가와 치히로 회장.

참으로 남다른 이력이다.

그의 경영 요체인 굳건한 '정도경영' 철학과 운영 철칙인 '소수정예주의'는 일본의 버블경제 시기 속에서도 13년 연속 최고 수익률 실현으로 검증되었다. 글로벌 경제의 불확실성 속에서 치열한 경쟁과 리스크에 직면해 있는 수많은 리더가 검토해볼 만한 대목이다.

경영은 시황을 보는 눈과 속도에 의해 결정되고, 고객의 클레임은 하늘이 준 기회이다. 늘 최악의 상황을 가정하여 사업에 임하며, 인재육성의 해법은 사원 스스로 해결하고 성장하게 만들어가는 것.

"늘 전쟁터에 있다(常在戰場)"는 사실을 잊지 말고 언제든지 싸울 수 있도록 준비하라!

이 책이 회사에 몸담고 있는 모든 분은 물론 경영 일선에 있는 CEO들에게 지속 성장 기업을 만들기 위한 훌륭한 지침서가 되리라 믿어 의심치 않는다.

끝으로 국내에 소개된 적이 없는 훌륭한 '경영 미다스의 손'을 알리고자 혼신의 힘을 기울여준 번역자 김종필 대표에게도 감사를 표하고 싶다.

㈜KC 대표이사 이정호

머리말

1926년에 창업한 신에츠화학공업(이하 신에츠화학)은 2018년에 92주년을 맞았다. 당사의 PVC폴리염화비닐와 반도체 실리콘 웨이퍼는 세계 시장에서 점유율 1위를 차지하고 있다. 실리콘 수지, 전자재료 등에서도 압도적인 우위를 차지하고 있다.

신에츠화학이 지금도 끊임없이 성장하고 있는 것과 마찬가지로 나 자신도 경영자로서 늘 성장을 추구해왔다. 1975년 임원에 선임된 뒤 1990년에 사장, 2010년에는 회장이 됐다. 지금까지 사실상 반세기 가까운 시간을 경영자로서의 인생을 살아왔다.

이만큼 업무를 지속적으로 할 수 있었던 것은 많은 사람들의 후원이 있었기에 가능했다. 그중 가장 큰 도움을 준 사람은 1974년부터 1983년까지 신에츠화학의 사장을 역임한 오다기리 신타로小田切新太

郎 씨이다. 역사상의 위인 한 분도 나에게 큰 힘이 됐다. 내 집무실에는 야마모토 이소로쿠山本五十六 연합함대 사령장관의 사진이 걸려 있다. 존경하는 야마모토 사령장관이 지켜보는 가운데 항상 긴장감을 갖고 업무를 보고 있다.

나는 야마모토 사령장관의 명언을 인생의 지침으로 삼아 가슴에 새겨왔다. 그의 좌우명 또한 나에게는 인생의 소중한 교훈이 되고 있다.

그중에서도 내가 가장 좋아하는 말은 "상재전장(常在戰場, 늘 전쟁터에 있다)"이라는 말이다. "늘 전쟁터에 있다는 것을 잊지 말고, 언제라도 싸울 수 있도록 준비하라." 바로 이 정신으로 경영에 임해 왔다. 경영의 세계에서는 잠시라도 긴장을 놓으면 목숨을 잃는 것과 같다. 나는 신에츠화학이 최고 이익을 경신하고 있는 순간에도 이 말을 마음에 새기고 단 한 번도 방심하지 않았다.

이 책을 출판하면서 마음에 떠오른 말 역시 "늘 전쟁터에 있다"였다. 경영자 인생을 되돌아보면서 먼저 나의 정신적 지주였던 야마모토 사령장관에게 마음으로부터 경의를 표하고 싶다. 이외에도 여러 가지 명언은 나의 업무와 인생에 힘을 주었다.

지금까지 수많은 사람들에게 도움을 받았던 내가 이번에는 반대로 젊은이들에게 전하고 싶은 메시지가 있다.

이 책의 PART 1 '조직의 기본'에서는 조직과 인간 사회의 존재 방식에 대해 정리했다. PART 2 '경영의 본질'에서는 내가 생각하고 있는 리더십과 경영자로서의 마음가짐을 다루었다. PART 3 '리스크와 성장'에서는 리스크에 민감하게 대응하면서 동시에 리스크를 활용해 성장하는 것의 중요성을 강조하고자 한다. PART 4 '인재의 활용'에서는 인재 교육과 육성, 일하는 방법, 자기관리에 대해 정리했다. 업무에 대한 이야기에 한정하지 않고, 인생을 살아가는 데 도움이 될 만한 것은 PART 5 '인생과 만남'에 담았다.

각 파트는 독립적인 형태로 되어 있기 때문에 마음이 내킬 때 보고자 하는 파트를 펼쳐 읽어도 된다. 나의 메시지가 독자들의 인생에 작게나마 도움이 된다면, 기대 이상의 기쁨이 되겠다.

신에츠화학 대표이사 · 회장 가나가와 치히로金川千尋

차례

 조직의 기본

경영의 본질

인재의 활용

인생과 만남

PART 1

조직의 기본

1
나만의 담력으로 세계와 경쟁했다

1973년, 신에츠화학은 미국 텍사스주에 PVC폴리염화비닐의 제조 및 판매를 위한 합병회사를 세웠다. 미국 회사 로빈텍Robintech과 50%씩 출자한 신텍Shintech이다. 사장에 로빈텍의 CEO최고경영자인 브래드 코벳 씨가 취임하고, 나는 부사장이 됐다.

당시 로빈텍은 나는 새도 떨어뜨릴 정도로 대단했다. 수도관 등에 사용하는 PVC 파이프 메이커였던 이 회사는 새로운 공장을 계속 만들었다. 동종 업종의 타사 매수에도 적극적이었다.

급성장기의 로빈텍을 이끌고 있던 코벳 씨는 에너지가 넘치는 인물이었다. 당시 30대였던 그는 100kg이 넘는 거한이었으며, 박력이 넘쳤다. 코벳 씨는 매우 정력적인 비즈니스맨이었다. 나는 신텍의 영업을 위해 미국 전역을 돌아다닌 적이 있었다. 당시 매일 새벽 4시에 일어나야 하는 강행군의 일정이 일주일간 계속되었다. 완전히 녹초가 되어 일본에 귀국한 후 이틀 동안 죽은 사람처럼 잠만 잔 나와는 대조적으로 코벳 씨는 너무나도 말짱했다.

화려한 것을 좋아하는 코벳 씨는 고객 접대와 파티도 크게 벌이는 스타일이었다. 덕분에 나는 당시 보통의 일본인 비즈니스맨이라면 출입하기 힘든 장소에도 갈 수 있었다.

어느 날 따라간 자선 파티에서는 '근대 골프의 아버지'라고 하는 벤 호건 씨도 만날 수 있었다. 당시 나는 골프에 열중하고 있었기 때문에 마치 구름 위의 존재 같았던 그를 만난 것은 귀중한 체험이었다.

마를레네 디트리히Marlene Dietrich는 독일에서 태어난 미국의 영화배우 겸 가수이자 엔터테이너로, 'Lili Marlene' 등의 노래로 잘 알려진 명배우이다. 나는 독일 출신으로는 할리우드에서 처음으로 성공한 이 배우를 위한 모임에 초대를 받아 간 적도 있다. 덕분에 당시 70세가 넘은 그녀의 노래를 육성으로 들을 수 있었다.

코벳 씨는 술 마시는 것도 호쾌했다. 뉴욕의 한 고급 레스토랑에 동행했을 때는 3명의 미녀를 불러 고급 와인을 연거푸 비워버렸다. 귀갓길에는 선물로 고급 와인 한 병씩을 받아왔으나, 그 청구서가 신택으로 돌아왔다는 후일담도 있다.

그는 투자에 있어서도 눈에 띄는 것을 좋아했다. 급기야 미국 메이저리그의 텍사스 레인저스를 매수하겠다고 하며 신텍에도 출자를 요청해왔다. 하지만 나는 스포츠팀의 경영을 알지 못할 뿐만 아니라 신텍의 본업과도 관계가 없기에 내심 반대하고 있었다.

하지만 로빈텍은 신텍의 모회사이며, 동시에 최대 고객이었기 때문에 마음에 내키지 않는 상태로 출자 요청에 응할 수밖에 없었다. 당시 아무것도 두려워할 것 없이 대담하게 행동하던 코벳 씨가 나 자신과는 다른 차원의 세계에 살고 있는 사람처럼 생각됐다.

그러던 코벳 씨의 힘도 그리 오래가지 못했다. 신텍이 정작 조업을 시작했을 때 운 나쁘게도 PVC 가격이 급락했다. PVC 파이프의 대기업으로 알려진 로빈텍의 경영도 급속히 악화돼갔다. 로빈텍은 신텍의 대형 고객으로, PVC를 대량 구매하고 있었다. 그러나 로빈텍의 경영이 악화되면서 신텍으로의 PVC 대금 결제도 막혔다.

자금난에 봉착한 로빈텍은 1975년, 보유 중인 신텍의 주식 매각에 나섰다. 로빈텍은 신에츠화학 측에 신텍의 주식 50%를 매수해달라고 요청했다. 그러나 로빈텍이 제시한 금액은 당사가 예상한 금액의 2배에 가까워 협상이 잘 진행되지 않았다.

협상 상대인 코벳 씨는 가격과 관련해 좀처럼 양보하려고 하지 않았다. 어떤 때는 코벳 씨가 협상 중 자리를 박차고 일어나 그날 오후 신에츠화학의 계좌로 매수 자금을 송금하고, 이것으로 협상을 중단

한다고 위협하기도 했다.

왜 주식을 팔고자 했던 측에서 자금을 송금하는지 의심했지만 곧바로 의도를 알게 되었다. 신에츠화학이 신텍의 주식을 싸다고 평가한다면, 거꾸로 로빈텍에서 나머지 50%를 사도 되지 않겠느냐며 흥정을 하려 했던 것이다.

하지만 나는 그런 흥정에 동조하지 않았다. 그때까지 해외를 다니면서 쌓은 사업 경험상 어떠한 아수라장에서도 빠져나갈 수 있는 담력을 갖추고 있었기 때문이다. 최종적으로 다음 해 신텍의 주식을 신에츠화학이 취득했다. 이후 신텍은 세계 최대 PVC 제조업체로 성장하게 되었다.

2
늘 최악의 상황을 가정해 경영에 임한다

1976년, 신에츠화학은 신텍을 완전 자회사로 만들었다. 신텍을 설립할 당시 로빈텍은 미국 내 메이저리그 구단주였고, 회사 전용 비행기를 2대씩이나 보유할 정도로 사세가 절정기였다. 뿐만 아니라 로빈텍이 신에츠화학을 매수할 수도 있다는 이야기가 나돌 정도였다. 이런 신텍이 주식을 내놓을 것이라고는 상상도 못했다.

심지어 로빈텍은 신텍 측에 "자가용 비행기를 보유하면 어떻겠는가?"라고 권하기도 했다. 물론 그렇게까지 호화로울 필요가 없다고 생각했기 때문에 "비행기는 필요 없고, 자전거로도 충분하다"고 잘라 말했다. 만약에 자가용 비행기를 업무 용도로 운행한다면 기체비용뿐만 아니라 보관료와 연료비, 추가로 파일럿 2명을 고용해야 하는 비용이 들어간다. 나는 그럴 필요성을 느끼지 못했다.

1973년 제1차 오일쇼크 후 PVC 가격이 급등했고, 로빈텍은 확대 노선을 이어갔다. 그러나 다음 해 중반부터 PVC 가격이 급락세로 돌아서면서 로빈텍의 경영에도 그림자가 드리우기 시작했다. 신텍의 주식을 내놓은 후 경영이 한층 더 악화된 로빈텍은 미국 연방파산법 제11조의 적용을 신청했고, 결국 파산했다.

나는 새도 떨어뜨릴 정도로 기세등등했던 회사가 파산했다는 뉴스를 듣고 나의 머릿속에는 《헤이케 이야기(헤이케의 번영과 몰락을 묘사한 13세기 일본 문학 작품-옮긴이)》의 1절이 떠올랐다.

> 기원정사의 종소리, 제행무상의 메아리였네.
>
> 사라쌍수의 꽃빛, 성자필쇠의 이유였고,
>
> 교만한 자 오래가지 못하듯, 단지 봄밤의 꿈이었다.
>
> 맹수도 결국은 노쇠하듯, 그저 바람 앞에 먼지와 같다.

경영 판단을 잘못하여 결국 도산한 로빈텍은 내게 귀중한 반면교사가 됐다. 이후 나는 동양의 정신을 잃지 않고, 늘 최악의 상황을 가정해 경영에 임하고 있다.

3
경영의 기본은 소수 정예다

신텍의 경영에서 내가 가장 관심을 가진 것은 '슬림화'와 '강인한 기업체질'이다. 예를 들어, 신텍에는 550명의 사원이 있었지만 영업사원은 10명에 불과했다. 또한 내 비서였던 미국 여성도 통상의 비서 업무뿐만 아니라 매출채권의 회수 업무도 맡고 있었다.

경영진도 단출했다. 신텍은 신에츠화학의 100% 자회사가 되고 나서 거의 모든 기간, 임원은 단 3명에 불과했다. 미국 다우케미칼의 회장을 역임했던 찰스 벤 브랜치Charles Ben Branch 씨, 1974년부터 1983년까지 신에츠화학 사장으로 근무했던 오다기리 신타로 씨, 그리고 나까지 이렇게 3명이다.

철저한 합리적 경영이 주효한 덕분에 신텍은 설립 이후 계속 흑자를 기록했다. 모회사인 신에츠화학 입장에서는 매우 뛰어난 효자라 할 수 있다. 브랜치 씨는 1971년부터 1976년까지 다우케미칼의 CEO로 근무했다. 그는 임기 중에 순이익을 6.2배, 시가총액을 4배나 늘린 뛰어난 경영자다. 또한 회사를 세계적인 화학업체로 키운 중흥조이기도 하다.

브랜치 씨와 이야기하고 있으면 늘 놀랄 만한 일이 많다. 간결한 단어로 결론을 확실하게 말하면서도 업무의 본질은 늘 정확히 이해했다. 한마디로 말해 매우 우수한 사람이었다. 신텍은 1980년부터 브랜치 씨를 사외이사로 선임했다. 지금은 브랜치 씨와 마찬가지로 다우케미칼의 대표로 근무했던 프랭크Frank Peter Popoff 씨가 사외이사로 재직 중이다.

'구조조정'이라는 단어가 유행처럼 번졌던 때 브랜치 씨로부터 "신텍은 처음부터 구조조정이 된 회사다"라는 말을 들었던 기억이 있다. 구조조정이라는 단어가 나오기 한참 전부터 신텍은 슬림화된 강인한 조직으로 일을 해왔다. "불황기에도 일부러 구조조정을 할 필요가 없다"라는 칭찬을 많이 받은 회사였다.

나 스스로 경영의 기본은 소수 정예로, 이들을 소중하게 다루는 것이 중요하다고 생각하며 일해왔다. 뛰어난 경영자인 브랜치 씨로부터 늘 좋은 평가를 받았다. 그는 나의 방법이 틀리지 않았다며 항상 큰 용기를 주곤 했다.

4
본업의 노하우가 발휘되지 않는 투자는 하지 않는다

1990년, 내가 신에츠화학의 사장으로 취임하고 얼마 되지 않았을 때 이야기이다. 후쿠이현의 다케미공장 근처에 비즈니스호텔을 건설하자는 계획이 올라왔다. 예산은 80억 엔이었다. 담당자에 따르면 나를 제외한 임원 전부가 찬성했던 안건이었다. 거품경제의 기세가 누그러지지 않은 상황에서 '땅만 사도 돈을 번다'는 시류에 놀아난 꼴이었다.

비즈니스호텔에서 근무할 직원은 신에츠화학의 공장 직원 중 정년이 가까워진 직원을 고려 중이라고 업무 추진 담당자들은 설명했다. 즉 고용 대책도 겸한 계획이라는 설명이었다.

물론 나 또한 고용 대책 자체가 틀렸다고 생각하진 않았다. 이제까지 회사에 몸 바쳐 일해왔던 직원의 정년 후 고용을 확보하는 것은 중요하다. 하지만 사업으로서는 정말 잘못된 일이다. 사업은 내재된 논리에 따라 검토하고, 진행해야만 한다. 따라서 나는 순수하게 '이것이 과연 가능한 사업일까'라는 관점에서 비즈니스호텔 건설 계획을 검토했다.

본업의 노하우가 발휘되지 않는 영역이고, 입지도 나쁘다면 계획은 반드시 실패한다. 혹 나의 판단이 잘못된 건 아닐까 하는 마음에 팔레스호텔의 전무로 근무했던 대학교 선배에게 의견을 물었다. 그는 신에츠화학이 지방에 호텔을 세울 메리트장점가 전혀 없다고 조언해주었다.

나는 계획을 반려했다. 그때 만일 계획을 승인했더라면 수백억 엔의 손해를 보았을 거라고 생각한다. 최종적으로 호텔을 폐쇄해야 할 처지가 되었을 것이다. 회사 내의 인사부서는 회사의 본질인 사업의 수익성보다 고용 대책을 중시하는 논리로 흐르는 경향이 있다. 하지만 아무리 고용이 중요하다 하더라도 '사업'이라는 것은 '본질'을 제대로 파악해야만 한다.

5
인사부서의 과대한 권한은 회사를 위태롭게 만든다

나는 인사부서가 그리 큰 권한을 갖지 않는 편이 좋다고 생각한다. 인사부가 중앙집권적인 강력한 권한을 갖고 있으면 알맞은 자리에 인재를 배치하는 것이 불가능하게 될 우려가 있기 때문이다.

적재적소에 인재를 배치하는 합리적인 인사人事는 매우 중요하다. 이를 위해서는 먼저 사람을 면밀히 관찰해야 한다. 그렇지 않으면 적절한지 아닌지 판단하기 어렵다.

내가 기술 수출과 PVC 영업으로 해외를 돌아다닐 당시, 오다기리 사장은 내가 올린 실적에 따른 합당한 인사를 해주었다. 인사부서의 의견이 아닌 나의 업무 실적을 보고 판단해주었다.

평상시 부하의 일하는 태도를 보고 있는 직속 상사의 의견을 존중하고 인사를 해야 한다. 상사가 자신의 눈으로 직접 보고 부하의 능력을 판단하는 것이 중요하다.

　만약 인사부에서 중앙집권적인 권한을 갖고 인사를 단행하면 어떻게 될까? 각 부서에서 근무하고 있는 사원들의 평상시 근무 태도를 볼 수 없는 인사부는 적절한 인재인지 아닌지를 판단할 수가 없다.

　적절한 인재를 배치하기 위해서는 확실하게 사람을 보고 인사를 단행하게 하는 사내 구조를 만들어야 한다. 경영자는 인사부가 과대한 권한을 갖지 않게끔 유의해야 한다.

6
타성에서 벗어나 원점에서 생각하라

기업 경영에서 타성은 커다란 적이다. 타성은 경영자의 눈을 멀게 하며, 비합리적인 관행을 그대로 방치하게 만든다. 항상 합리적인 경영을 목표로 하지 않으면 지금처럼 냉혹한 시대에서 살아남을 수가 없다.

나는 1990년에 사장으로 취임하면서 일하는 방식을 철저하게 수정했다. 예를 들어 당시 재무부서에는 20여 명의 직원이 있었는데, '그렇게 많은 인원이 필요할까'라는 의문이 들었다. 부서장에게 "2명 정도로 충분하지 않은가?"라고 물으니 "거래 은행의 수가 많아 이래저래 담당자가 필요하므로 인원을 줄이는 것은 무리입니다"라는 답변이 돌아왔다. 그래서 나는 "그렇다면 거래 은행의 수를 줄이는 것이 어떻겠는가?"라고 말했다.

터무니없는 말이라고 생각할지도 모르겠다. 하지만 나는 그것이 이치에 맞는다고 생각한다. 그 이후 재무부서와 경리부서를 통합해 효율화를 추진했다. 이전에는 재무부서와 경리부서 각각의 사원을 합쳐 60여 명 정도였으나 지금은 절반 정도로 줄었다.

또한 연구·개발부서에 대해서도 대대적인 쇄신 작업을 펼쳤다. 내가 사장으로 취임하기 전의 신에츠화학은 중앙연구소를 두고 있었다. 그러나 우수한 사원을 배치했음에도 불구하고, 눈에 띄는 성과가 없었다. 나는 중앙연구소를 가차 없이 폐지하고 새로운 방법으로 신규 사업을 개척하기로 했다.

회사 업무는 현상을 투명한 눈으로 주시해 원점으로 돌아가 생각해보는 것이 필요하다. '무언가 이상하다'라는 타성을 의심하는 자세가 발전으로 이어진다.

7
비효율적인 회의는 하지 않는다

나는 1990년에 사장으로 취임한 이후 여러 가지 개혁을 실행했다. 이러한 개혁 중 하나가 바로 비효율적인 업무회의를 철저하게 없앤 것이다. 먼저 임원회의는 월 2회에서 1회로 줄였다. 또한 1회의 시간도 기존의 절반으로 줄였다.

경영진 스스로 '비효율적인 회의는 하지 않는다'는 모범을 보이자 전사적으로 회의의 수가 줄어들고 시간도 단축됐다. 결국에는 모든 회의 시간이 3분의 1 이하로 축소되었다.

그러나 '비효율적인 회의를 줄이자'고 해서 회의 시간을 단축했는데, 꼭 해야만 하는 의논이 실시되지 않는다든지 회사 내 소통이 원활하지 않다면 본말이 전도된 것이나 다름없다. 따라서 회의 시간을 단축하는 한편 회의 자체에 대한 질은 높이도록 했다.

보다 깊은 내용의 토론이 될 수 있도록 참가자 수도 제한했다. 중요 사안에 대해 구체적으로 결정하기 전까지는 안건에 따라 소수의 관계자만 회의에 참석하도록 했다. 어떠한 것이 됐든 해당 안건에 대한 전문지식이 풍부한 사람들이다. 나는 그 자리에 참가해 철저하게 토론하도록 유도했다.

사업에 있어서 중요한 사항을 결정할 경우, 그 사업을 깊이 이해하고 있는 사람이 논의해야만 의미 있는 결론을 도출할 수 있다. 어중간한 입장의 사람이 몇몇 모였다면 그건 오합지졸에 지나지 않는다. 예전에는 이러한 회의가 많았다. 즉 의제에 대해 깊이 알지도 못하는 인원들이 형식적으로 참석, 장황하게 논의한 결과 회의가 좀처럼 앞으로 나아가지 못했다. 정말이지 인재와 시간을 비효율적으로 사용한 셈이다.

회의의 목적은 구체적인 전술을 압축해 최고의 의사결정을 내리는 것이다. 이러한 목적을 공유하지 않고, 제3자적 입장에서 즉흥적인 의견만 말하는 회의는 필요 없다. 회사에 평론가는 필요하지 않다.

8
직원의 뜨거운 열정이 회사를 지켜준다

2005년 9월, 대형 허리케인 '리타'가 미국 동남부를 덮쳤다. 초강력 태풍으로 인근 지역은 매우 큰 피해를 입었고, 부시 당시 미국 대통령이 비상사태를 선포할 정도였다.

신텍의 공장이 있는 텍사스주 프리포트에도 허리케인이 접근해 어쩔 수 없이 조업 정지를 하게 됐다. 이때 나는 미국인 직원의 애사심에 큰 감명을 받았다.

보통 일본에서는 일본인은 애사심이 있지만 미국인은 냉담해 회사에 대한 충성심이 낮다고 생각한다. 하지만 그것은 단지 억측에 지나지 않는다.

프리포트공장에 허리케인이 접근해 피난명령이 내려졌음에도 불구하고, 미국인을 중심으로 한 39명의 현지 직원들이 공장에 머물렀다. 이들이 자발적으로 사내 피난소에 남아 순환 점검을 하면서 공장을 지켜냈다. 덕분에 공장은 단 5일 만에 조업을 재개할 수 있었다.

나중에 그 사실을 알게 된 나는 크게 감동했다. 미국인이든 일본인이든 회사에 대한 애사심은 다르지 않다. 직원들의 뜨거운 열정이 유사시에 회사를 지켜준다.

일본인뿐만 아니라 미국인 직원들도 운명공동체로서 회사의 성장을 원하고, 헌신적으로 일하고 있다. 현지 직원 39명의 행동은 틀림없는 그 증거였다. 그때 나는 한 사람 한 사람에게 자필로 감사장을 써주었다.

덧붙여 말하면, 프리포트공장에는 이전부터 허리케인에 대한 대비책을 실시해왔다. 원래부터 허리케인이 많은 지역이었기 때문에 풍속 200마일(약 320km)에도 견딜 수 있는 대피소를 공장 안에 설치해, 그곳에 39명의 현지 직원이 대피할 수 있었다. 또한 보험도 충분히 들어놓아 손해 금액은 전액 보험으로 보상받을 수 있었다.

이렇듯 허리케인은 미국 남부에 광범위한 피해를 입혔지만 신텍 공장의 피해는 최소한으로 억제할 수 있었다.

9
미국은 역시 강국이다

1970년대에 신에츠화학의 미국 자회사인 신텍의 사장으로 취임한 이래 지금까지 미국이라는 나라와 깊은 인연을 맺어왔다. 그 경험을 통해 느낀 것은 '미국은 역시 강국'이라는 점이다.

신텍은 미국에서는 외국 기업이지만 그렇다고 해서 차별받은 것도 없고, 확실하게 현지 회사로 융화됐다. 차별 없이 대해주는 것이야말로 미국 사회의 좋은 점이라고 생각한다.

신텍의 공장이 있는 루이지애나주에서는 이런 일도 있었다. 2005년에 나는 처음 보는 신텍의 간부와 함께 루이지애나주 블랭코Kathleen Blanco 지사(당시)를 방문했다. 루이지애나에 대한 대규모 투자 계획과 경영 방침을 설명하기 위해서다.

그러나 공교롭게도 그날 날씨가 나빠 비가 억수같이 쏟아졌다. 여

벌을 준비하지 못한 나는 옷 젖는 것이 싫어 차에서 내리기를 조금 주저했다. 그러자 마침 그 자리에 있던 미국인 직원이 바로 도움을 주었다. 그때의 상냥함이 아직도 기억에 남아 있다.

그 이후, 대규모 투자를 수행한 후에는 2014년에 일본을 방문한 바비 진달Bobby Jindal 당시 주지사가 "루이지애나의 신텍인가, 신텍의 루이지애나인가"라고 말하기도 했다. 신텍과의 관계를 매우 중요하게 생각하고 있다는 것으로 느껴졌다.

태평양전쟁에서 일본과 미국이 싸웠고, 나 자신도 공습으로 생사의 기로에 놓였던 기억이 있다. '어떻게 해서 이런 나라와 전쟁을 벌였을까?'라고 곰곰이 생각해보았다.

미국은 외국 기업을 '기업시민'으로 인정해주고 있다. 이라크전쟁이 벌어졌을 당시 신텍의 미국 직원이 소집되었을 때, 나는 그들이 종군 중에도 급여를 계속 지불했고, 귀국 후에는 곧바로 직장에 복귀시켰다.

이 사실을 알게 된 미 육군으로부터 후일 감사의 금일봉을 증정받기도 했다. 나는 당연한 것을 했을 뿐이라고 생각하지만 미국은 내가 한 일에 대해 확실히 평가해주었다.

나는 지금까지 40년 이상 미국에서 일을 해왔다. 정확하게 나의 반생을 바쳐왔지만, 일본인이라고 해서 불쾌한 경험을 한 적은 단 한 번도 없었다.

이제껏 소개한 이야기를 열거하는 것만으로도 미국은 훌륭하고 공평한 나라라고 생각한다. 물론 모든 것이 좋다고 말하지는 않았지만, 개방적이면서 '좋은 것은 좋다'고 확실하게 평가해주는 것은 일본도 충분히 배울 만한 점이라고 생각한다.

일본인이 미국에서 인정받은 지는 그리 오래되지 않았다. 전쟁 이전부터 전쟁 당시까지만 해도 인정받았다고 말하긴 어렵다. 일본인들이 미국에서 예전보다 인정받게 된 것은 일본인 선배들이 문자 그대로 살을 깎아내는 고통을 감내했던 덕분이다.

예를 들어, 내가 존경하는 구 일본 해군의 야마모토 이소로쿠 연합함대 사령장관은 최후까지 미국과의 전쟁을 반대했다. 그러나 일본이 미국과의 전쟁을 결정했을 때, 사령장관으로서의 직무를 성실하게 수행했다.

일본에도 야마모토 사령장관과 같은 인물이 있다는 사실은 해외에서 일하고 있을 때 큰 도움이 되었다. 나 역시 고독감을 느낄 때가 있는데, 그때마다 그를 떠올리며 '비관은 있을 수 없다. 자신감을 갖는다면 문제없어'라며 스스로를 격려했다.

미국인은 그것이 전쟁이든 사업이든 실제 상대하는 인물을 이해하고 정확하게 평가하는 것이 가능한 사람들이라고 생각한다.

이제부터 일본인과 일본 기업이 미국에서와 마찬가지로 해외에서 폭넓게 인정받아 지속적으로 활약해 나아가기를 기대해 마지않는다. 마음 깊숙이 그러하기를 바라고 있다.

10
결단을 내리지 못하면 기회를 놓치게 된다

　해외사업부에서 시장 개척을 위해 세계를 돌아다녔던 나는 1967년 폴란드로 출장을 갔다. 천연가스에서 아세틸렌을 제조하는 기술을 판매하기 위해서였다.

　폴란드 측의 교섭 창구인 공단과 협의하는데 협상의 진전이 전혀 없었다. 당시 폴란드는 사회주의 국가로 관료주의가 팽배했는데, 공단의 의례적인 사무 업무로 인해 일주일이 지나도록 논의의 진전이 없었던 것이다.

　속이 부글부글 끓었던 나는 교섭을 파기하기로 하고 "내일 귀국한다"고 공단 쪽에 전했다. 그랬더니 그날 중으로 예지 오르세프스키 씨로부터 "금일 오후 8시에 만나고 싶다"는 연락이 왔다.

　오르세프스키 씨는 폴란드 화학공업계 노동조합의 최고위층이었다. 그는 나를 만나자마자 "지금부터 내가 얘기하는 것은 이제껏 공단 스태프들이 말한 모든 것에 우선한다"고 강조했다. 결국 그가 모든 책임을 진다는 의사 표명이었다.

그 결과 우리 측에서 제시한 조건을 모두 합의한다는 협상이 이어졌다. 또한 "기술 도입이 성공한다면, 헝가리 등에도 공동으로 기술을 수출해 이익을 50%씩 나누자"라는 새로운 제안도 있었다. '이분이라면 신뢰할 수 있겠다'라고 느꼈던 나는 그 자리에서 바로 좋다고 답했다.

당시 나의 직함은 부장이었지만, 상사와 논의 없이 결정을 내렸다. 이렇게 해서 폴란드에 대한 기술 수출은 그 자리에서 결정됐다. 오르세프스키 씨는 곧바로 공단 총재와 함께 일본으로 날아와 신용장L/C을 가지고 신에츠화학을 방문했다. 즉각 도쿄은행(당시)에 그 신용장을 보여주었고 "문제없다"는 회신으로 계약이 성사됐다.

이때 나의 행동을 독단전행으로 생각하는 사람도 있었다. 하지만 상대의 제안을 회사로 갖고 와 논의한다고 해서 현장의 협상 당사자 이상의 정확한 판단을 내릴 수 있으리라는 법은 없다. 비효율적인 논의를 거듭하는 것보다 현장에서 발 빠르게 판단하는 것이 중요하다. 어정쩡하게 결정을 내리지 못하면 상대방의 신뢰를 잃게 되어 절호의 기회를 놓치게 된다.

11
관료주의를 타파하고 합리적인 경영에 매진하라

기업에서 중요한 것이 '스피드'와 '합리성'이다. 이것을 실현하기 위해서는 사장의 경영 방침을 빠르게 사내에 침투시키는 것이 필요하다.

관료주의가 만연하면 사장의 경영 방침보다도 예전의 관습이 우선시된다. 각 부서는 사장이 말하는 것을 듣지 않게 되고, 비합리적인 업무 처리가 확산된다. 당연히 경영의 속도를 잃어버린다.

신입사원 채용을 예로 들 수 있다. 과거 신에츠화학은 매년 신입사원을 600명씩 채용했다. 그러나 나는 1990년 사장으로 취임한 뒤 이 관습을 없애기로 결심하고 인사부에 신입사원 채용 수를 줄이라고 지시했다.

그러자 인사부에서는 "각 부서와 협의해 700명을 600명으로 줄인 것이다"라고 답변했다. 아무리 생각해도 관료적인 반응이었다. 진정으로 필요한 인원을 꼼꼼히 조사하라는 지시를 내린 것이었는데 아무것도 바뀌지 않았다. 오히려 인사부는 600명이란 합계를 '성과'로서 자랑스럽게 제시해왔다.

이렇게까지 관료주의가 만연했다는 것에 위기감을 느낀 나는 과감한 개혁을 단행했다. "신입사원 채용은 제로로 한다"고 선언한 것이다. 말 그대로 그해 신입사원 채용은 제로였다. 확실히 강경한 수단이었지만 "신입사원 채용 제로" 선언으로 인해 인사부서뿐만 아니라 다른 부서의 의식개혁도 이뤄지게 되었다.

신입사원 채용과 관련해 한 가지 덧붙이자면, 신에츠화학은 홍보 및 광고에 비용을 사용하지 않는다. 그러한 일에 돈을 쓰는 대신 회사를 더욱 성장시키기 위해 돈을 쓰는 것이 좋다는 게 나의 생각이다.

회사가 더욱 좋아진다면 자연적으로 매스미디어도 회사를 취재해주고, 학생들 사이에 지명도도 높아진다. 좋은 인재를 모으기 위한 최선의 방법은 회사를 보다 좋게 만드는 것이다. 이처럼 실적이 좋아진 덕분에 최근 우리 회사에는 우수한 학생들이 많이 들어오고 있다. 마음이 매우 든든하다.

12
다수결의 결정이 반드시 옳은 것은 아니다

연구와 사업은 번데기와 나비만큼 차이가 있다. 연구와 사업은 완전히 이질적인 것이다. 연구는 연구자가 수행하고, 사업화는 비즈니스를 알고 있는 사람이 수행하는 역할 분담이 절실하다.

이러한 것을 통감한 것은 'Z위원회'라고 하는 신규 사업을 위한 사내 팀 활동의 경험을 통해서이다. Z위원회의 이름은 구 일본 해군이 사용한 'Z깃발'에서 유래했다. Z깃발은 통신에 사용했던 깃발로, 러일전쟁(1904. 2~1905. 9) 당시 기함 '미가사'에 게양되었다.

이때의 Z깃발에는 "나라의 흥망이 이 일전에 달렸도다. 각자 한층 더 분투 노력하라"라고 적혀 있었다.

일본해전을 제패하면서 러일전쟁은 일본의 승리로 이어졌다. 다시 말해 일본에서 Z깃발은 '승리의 상징'이라고 말할 수 있다. 이러한 유래를 받들어 'Z위원회'라는 이름을 붙였다.

Z위원회는 몇 개의 아이템을 선정, 사업화를 진행했다. 이 아이템에 정통한 연구자에게 사업화 책임을 맡겼다. 하지만 사업화로 이어지지 않는 아이템도 있었다. 또한 사업화를 추진했지만 도중에 원활하게 진행되지 못한 경우도 나왔다.

이러한 경험을 통해 신규 아이템의 사업화에는 내가 적극적으로 참여하기로 했다. 길고 안정적인 사업화를 실현하기 위해서라도 연구자에게 맡기지 않는 편이 바람직하다는 게 내가 얻은 교훈이다.

연구자가 사업화에 실패하는 가장 큰 이유는 시장에 대한 이해와 의식이 부족하기 때문이다. 그들의 관점은 어떻게 해서든지 '성능을 높이자'라는 정도의 막연한 것이기 때문이다. 결과적으로 고객의 요구에 대응할 수 없어 사업화가 막히게 된다. 연구자의 생각 그대로 시장에 나가게 되면 대부분의 경우 사업에 실패한다.

물론 연구에 대해서는 연구자를 믿고 있다. 그러나 연구자로서는 우수하다고 해도 그들은 사업화에 대한 경험이 없다. 바꿔 말하면, 비즈니스를 성공시켰던 경험 있는 사람이 사업화를 담당할 필요가 있다는 것이다.

Z위원회에는 문제점이 하나 더 있었다. 전사에서 인원을 모집했으

며, 연구 아이템 또한 다수결로 결정했다는 것이다.

이러한 배경에서 팀을 만들어 10년간 운영한 결과 타율은 3할 정도였다. 나로서는 납득할 수 없는 실적이었다. 그래서 2000년에는 '신 Z위원회'라는 신규 사업 기획팀을 다시 만들었다. 신 Z위원회로 조직을 개편한 뒤 소수 정예로 멤버를 구성했다.

연구 아이템은 다수결이 아니라 위원장인 내가 결정하는 방식으로 바꿨다. 물론 나의 전문지식이 충분하지는 않다. 때문에 독단전행이 되지 않도록 의사결정 단계에서는 전문지식을 갖춘 사람들의 의견을 확실하게 듣도록 했다.

이러한 의사결정 방식으로 '신 Z위원회'는 '구 Z위원회'보다 효율적인 신제품 개발이 가능해졌다. 사업화한 아이템 가운데 가장 성공했던 구체적인 예가 포토마스크(반도체를 제조할 때 쓰이는 회로 패턴 원판-옮긴이) 블랭크Blank 사업이다. 포토마스크 블랭크는 포토마스크의 재료로, 신에츠화학이 사업화하기 전까지는 1개사가 시장을 거의 독점했다.

후발주자로서 이 시장에 진입하기 위해 기술적으로도 가장 어려운 난제에 도전했다. 그 결과, 신에츠화학의 포토마스크 블랭크는 고객사로부터 높은 평가를 얻게 됐다. 결국 1개사 독점체제의 아성을 무너뜨릴 수 있었다.

신 Z위원회가 성공할 수 있었던 가장 큰 이유는 위원장인 내가 책임을 갖고 연구 아이템을 엄선, 의사결정을 추진했던 것이라고 생각한다.

13
신규 사업에서 철수할 때는 현장 담당자의 고민을 최대한 존중한다

진행 중인 신규 사업의 중단이 어려운 것은 철수할 것인가, 말 것인가를 끝까지 고민해야 하기 때문이다. 신규 사업을 하려면 인재와 자금을 투입해야 한다. 또 담당자의 열정도 강하기 때문에 이를 중단하는 것은 매우 어려운 경영 판단이다.

사업을 단지 그만두는 것이라면 이야기는 간단하다. 그러나 이러한 태도라면 어떠한 것도 달성할 수 없다. 신규 사업의 철수를 검토할 때 중요한 것은 담당자의 사업에 대한 열정과 달성을 위한 진지한 고민을 최대한 존중할 줄 아는 경영자의 태도이다.

내가 한 사업의 철수를 검토했던 때였다. 그때 나는 연구자들의 성공에 대한 집념과 정면으로 부딪치고 말았다. 담당부서의 임원과 고문은 '철수할 수밖에 없다'고 생각했지만, 담당자들에게 직접 들어보면 "아직 희망이 있다"는 의견이었다. 현장에는 아직도 사업에 대한 열정이 남아 있었다.

사업을 철수할 때는 상부뿐만 아니라 현장 담당자들도 납득시키는 것이 바람직하다. 결국 나는 "그렇다면 앞으로 1년만 더 해보자. 그래서 아니라면 철수하는 것으로 하자"라고 결론 내렸다. 이 사실을 알게 된 담당자들이 당시 매우 기뻐했던 것을 기억한다.

결국 1년 뒤 그 사업은 결실을 맺지 못했지만 모두들 납득한 상황에서 철수할 수 있었다. 담당자들도 완전하게 몰입했던 터라 산뜻한 기분으로 자신들의 에너지를 다른 일에 쏟아부을 수 있었다. 사업에 대한 열정이 좋은 형태로 새로운 일에 연결된 셈이다.

한편 "이 사업에서 철수한다면 체면을 구긴다"와 같이 하찮은 허세를 부리거나 "한번 시작한 것은 포기하지 않고 끝까지 해야만 한다"는 막무가내식 자세 등은 사업에 나쁜 방향으로 작용할 뿐이다. 다시 말해 고민이 지나치면 철수의 시기를 놓치고, 고민이 없다면 성공하기가 쉽지 않다는 것이다. 가장 중요한 것은 '고민의 질'이다.

14
기동성과 기능을 중시한 프로젝트팀이 성공의 핵심이다

신규 사업의 기획이나 M&A인수합병 등의 프로젝트를 성공시키기 위한 비결은 무엇일까? 경영자가 책임을 갖고 기동성과 기능을 중시한 팀을 만드는 것이라고 생각한다.

먼저 기동성은 프로젝트팀을 고정시키지 않는 것이다. 구체적으로는 하나의 프로젝트에 대해 상황에 따라서 팀을 바꾸어 가는 것이다. 처음 단계에서는 소수의 전문가를 모집해 팀을 만든다. 다음 단계에서는 새로운 다른 팀을 만든다. 프로젝트가 성공하기까지 이런 단계를 지속적으로 반복한다.

예를 들어 새로운 사업을 기획할 경우, 연구개발, 투자, 공장 건설, 공장 운영에 멤버를 교체하여 바통을 이어가는 것이다. 각각의 단계에 있어 멤버는 팀이 해산하면 본래의 소속부서로 돌아가 평상시 업무를 수행하도록 한다.

프로젝트 팀을 상설화하면 불필요한 인원이 생길 수 있다. 반면 프로젝트의 단계별로 기동성 있는 팀을 만들면 이러한 불필요한 요소가 해소된다.

다만 여기에서 한 가지 주의할 점이 있다. 각 소속 부서에서 팀 멤버로 선발된 사람은 업무가 매우 바쁠 수밖에 없다. 따라서 팀의 업무가 완료된 후에는 모아서 휴가를 사용하도록 하는 등 강약을 조절한 운영이 필요하다. 이처럼 단숨에 일을 완료해가는 것이 프로젝트의 성공으로 이어진다.

또 팀 멤버를 선발할 때 중요시해야 할 점은 '기능'의 관점이다. 먼저 기능 중시의 우수한 인력을 팀원으로 뽑는다. 직함을 고려할 필요는 없다. 멤버 선발의 책임은 사장이 맡아야 한다. 사내 균형을 고려해 부장을 한 명 선발하려는 발상은 하찮은 책임 전가에 지나지 않는다. 만일 프로젝트가 실패한다면 아무것도 되지 않기 때문이다.

15
조직은 간소한 것이 좋다

단순한 조직 변경은 무의미하다. 기업에 있어서 중요한 것은 조직보다는 사람이다. 인재를 육성하지 않는다면 조직을 변경한다 해도 아무것도 되지 않는다.

다양한 조직 개편이 유행처럼 이뤄지고 있다. 얼마 전에는 'Company 제도'가 유행했다. 하지만 신에츠화학에서는 그 부분에 대해 논의한 적이 없다. 만일 조직 변경에 대한 논의나 연구를 할 시간이 있다면, 영업팀은 고객사를 방문하는 게 낫고, 제조 현장은 효율을 높일 수 있는 방법을 탐구하는 편이 낫다.

집행임원제도도 채택하고 있지 않다. 예전부터 임원과 감사제도를 계속해서 쓰고 있지만 불편한 일은 아무것도 없었다.

물론 조직을 변경해서 이익이 된다고 하면 얼마든지 조직 개편을 하겠다. 그러나 단지 조직을 변경한 것만으로 매출과 이익이 늘어나는 것은 아니라고 생각한다. 그뿐 아니라 조직 변경에 몰두한 나머지 중요한 사람을 떠나보내게 된다면 기업 경영은 갑자기 난관에 부딪칠 수밖에 없다.

따라서 나는 되도록이면 조직을 간소한 상태로 유지하고 있다. 임원, 부장, 과장이라는 일반적인 라인도 존재하지만 그것조차 나는 거의 신경 쓰지 않는다.

기본적으로는 대표이사 아래에 부서장이라는 횡적 이미지의 조직을 두고 있다. 그 위에 전략적 성격이 있는 업무에 대해서는 필요한 인원을 겸임시켜 프로젝트팀을 기획한다. 이렇게 해서 업무를 진행해나가는 것이 가장 효율적이다.

반대로 가장 비효율적인 것은 다수의 계층이 존재하는 조직이다. 그것도 각 계층별로 결재를 반복하여 요구한다. 이러한 조직은 대표의 의사결정이나 현장 직원의 근무를 저해하여 전체적으로 아무것도 할 수 없게 된다. 경영자는 단순한 조직 변경에 빠지지 말고 진정한 합리화를 추진해야만 한다.

16
경영자는 최적의 인사를 단행하는 동시에 인재를 존중해야 한다

　인사人事는 인간의 자존심과 직결되는 것이다. 따라서 실행할 때는 세심한 주의가 필요하다. 이 점에 대해 내가 교훈으로 삼고 있는 것이 구 일본 해군의 야마모토 이소로쿠 사령장관이 행한 인사다. 당시 해군에서 단행된 인사를 단순하게 현재의 기업과 비교할 순 없지만 배워야 할 점이 있다.

　예를 들어 1942년 벌어진 미드웨이해전에서 일본 해군의 사령관은 나구모 주이치(1887~1944) 중장이었다. 하지만 당시 연합함대의 참모는 나구모 주이치 중장에 비판적이었다. 원칙적으로는 야마구치 다몬(1892~1942) 소장이 적임이라고 생각했던 것이다. 그럼에도 야마모토 사령장관은 나구모 주이치 중장을 사령관으로 배제하지 않았다.

　당시 일본 해군에는 봉건시대의 명예가 남아 있었다. 때문에 사령관 교체 인사를 강행할 경우, 교체당한 당사자는 자존심에 상처를 입고 할복할 가능성이 높았다. 때문에 만약 야마모토 사령장관이 나구모 주이치 중장을 사령관에서 배제했다면, 그 또한 할복자살했을지도 모른다.

내가 이 일화에서 배운 것은 인사를 단행할 때는 사람의 마음을 염두에 두지 않으면 안 된다는 것이다. 물론 지금은 봉건시대는 아니므로 할복자살을 할 사람은 없다. 그래도 인사 자체에는 죽고 싶은 마음이 드는 일들이 충분히 있을 수 있다고 본다. 자포자기하거나 회사에 복수하려는 사람이 나온다면 곤란하다.

조직 개혁과 인사는 어디까지나 회사를 합리적으로 만들고, 체질을 강화하는 데 그 목적이 있다. 조직 내 마찰을 만들기 위한 게 아니라는 것이다. 따라서 가능하다면 마찰을 최소한으로 해야 한다.

마찰은 경영자에게도 마이너스가 된다. 상대는 상처를 입으며 자신의 기분도 좋지 않게 된다. 내 경험으로 볼 때, 이렇게 해서 기분이 상하게 되면 새로운 일을 할 의욕도 떨어진다.

따라서 인사권을 가진 경영자는 최적의 인사를 단행해야 한다. 누군가의 자존심에 상처를 입히거나 죽고 싶은 마음이 들지 않도록 해야 한다.

17
수선이 필요할 때는 예산을 아끼지 마라

임원회의에서 수선비의 예산에 대한 이야기가 나오면 나는 "수선이 필요할 때는 예산이 없어도 바로 집행하세요"라고 말한다. 물론 수선비를 삭감하라고 말한 적도 없다.

일반적으로 비용 절감의 일환으로 수선비의 삭감을 요구하는 경우가 많다. 그러나 이러한 발상은 회사를 위험에 처하게 만든다. 어쨌든 안전이 제일이다. 안전을 최우선으로 하기 위해서는 확실하게 비용을 들여 설비를 수선하고 변경해야 할 필요가 있다.

물론 경영에 있어 비용을 낮추는 것은 중요하다. 그래도 수선비를 비용 절감의 대상으로 해선 안 된다. 만약 수선비를 절약했던 이유로 커다란 사고라도 일어난다면 돌이킬 수 없는 일이 되어버린다.

필요한 수선비를 재빠르게 집행하는 것도 리스크 매니지먼트의 일환이라 할 수 있다. 따라서 기업의 대표는 수선이 필요할 때는 예산을 아끼지 말라고 적극적으로 말해 현장 직원들이 안심하고 수선에 임할 수 있게끔 한다.

현장에는 성실한 사람이 많고, 상사의 눈치를 보며 어떻게든 비용을 늘리지 않도록 하는 경향이 있다. 정말로 수선비가 필요하다고 생각한다 하더라도 '이러한 예산을 청구하면 화내겠지'라며 미리부터 상사의 마음을 읽고, 약간 적은 예산을 청구한다.

이러한 추측을 방지하기 위해서라도 "수선이 필요하면 예산이 없어도 바로 실행하세요"라고 끈질기게 반복해서 이야기하는 쪽이 좋다. 한두 번 말하는 것으로는 사원들이 이 말을 신뢰하지 않기 때문이다. '말로는 괜찮다고 말해도 실제로 수선비가 늘어나면 나중에 화를 내겠지'라는 불신감이 있기에 사원들은 억측을 계속한다.

나는 수선을 담당하는 부서나 공장장에게는 특히 반복해서 "수선이 필요하면 예산이 없어도 바로 집행하도록 하세요"라고 강조하고 있다. 대표가 진심으로 전달하는 것이 중요하다.

18
책임을 부하에게 전가하면 문제는 더욱 악화 된다

경영자는 '잘못하면 끝장이다'라는 생각으로 일해야 한다. 만약 '실패도 공부의 일환'이라고 생각하는 사람이 있다면, 안이하다고 말할 수밖에 없다. 몸을 사리며 일하는 사람만이 그런 말을 하는 것이다.

경영자의 업무는 늘 실전이고, 지면 끝장이다. 반드시 이겨야 한다. 지금 살아있는 것은 패하지 않았다는 뜻이다. 나 또한 이러한 기개로 지금까지 일해왔다.

'잘못하면 끝장이다'라는 기개는 어디까지나 경영자 본인에게만 해당되는 말이다. 즉 경영자가 부하에게 "잘못하면 끝장난다는 각오로 일하세요" 등의 얘기를 하면 안 된다는 것이다. 자신에게 훈계로 해야 할 말을 부하를 위협하는 말로 사용해서는 안 된다.

물론 나도 부하에게 이런 말을 쓰는 일은 결코 없다. "(이러한) 투자를 하고자 합니다"라고 제안해온 부하에게 "실패한다면 끝장이다"라고 절대 이야기하지 않는다. 오히려 부하의 제안에 '허락 사인'을 지시한 이상, 끝장날 각오를 해야 하는 것은 경영자인 나 자신이라고 생각해왔다.

만일 부하에게 "실패하면 끝장이다"라고 말한다면 도리어 커다란 실패를 불러올 수도 있다. 어쩌면 부하는 실패를 두려워하여 실수를 은폐하려고 할지도 모른다. 그럴 경우 사내에는 은폐체질이 만연하게 된다. 머지않아 그러한 은폐는 드러나게 될 것이고 회사는 사회적으로 크나큰 제제를 받을 수도 있다.

따라서 나는 사업부장이나 자회사의 사장에게 맘대로 목표를 분담시키는 일은 하지 않는다. 더구나 "달성하지 못한다면 용서하지 않겠다" 등의 질책은 절대로 해서는 안 된다고 생각한다.

회사에 문제가 생길 경우, 부하에게 책임을 전가하면 도리어 문제는 악화되고 회사 전체에 불이익을 가져온다. 책임을 떠맡는 것은 어디까지나 경영자의 일이다.

19
성장, 납세, 고용이 기업 최대의 사회공헌이다

나는 기업을 사회의 일원으로 보고, 사회공헌을 의식하면서 경영을 하고 있다. 특히 미국은 기업을 시민사회의 구성원인 '기업시민'으로 보고 사회에서의 역할을 다하라고 요구한다.

신에츠화학의 미국 자회사인 신텍도 창업 이래 '기업시민'이라는 자각을 해왔다. 그러나 여기에서 부언하고 싶은 것은 '무엇으로 사회에 공헌할 것인가'라는 것이다.

일본에서는 기업의 사회공헌이라고 하면 일반적으로 문화 활동이나 자선 활동을 떠올린다. 그러나 기업의 본분은 어디까지나 사업 그 자체에 있다. 즉 건전한 경영의 결과로 기업이 성장을 지속해 납세의 의무를 다하고, 고용을 창출해간다. 이것이야말로 기업이 사회에 해야 할 최고의 역할이라고 할 수 있다.

실제로 신텍은 성장을 지속해 공장을 건설하고, 설비를 증설함으로써 지역경제 활성화에 공헌해왔다. 기업의 사회공헌은 특별한 기부 행위보다도 본분인 사업을 통해 공헌하는 것이 중요하다.

한편으로 기업의 구성원인 직원도 사회에 공헌해야 할 한 사람의 시민이다. 따라서 지속적으로 직원의 사회적 입장에 두루두루 관심을 갖고, 시민으로서의 그들의 사회활동에 지장을 초래하지 않도록 배려하는 것도 기업이 해야 할 역할이다.

이러한 점에서 인상적이었던 것은 앞에서 언급했던, 1991년 걸프 전쟁 당시 있었던 일이다. 미국 육군 예비역 중령이었던 신텍의 미국인 직원이 소집명령을 받았지만, 나는 그 기간에도 급여를 지속해서 지불하도록 지시했다. 게다가 귀국 후에는 곧바로 직장으로 복귀할 수 있도록 배려해주었다.

이러한 대처에 대해 후일 미육군은 '직원이 조국을 지키기 위해 소집되었을 때 고용주가 보인 모범'이라며 사례금을 지불하기도 했다. 이렇듯 기업은 직원과 함께 사회에 공헌하는 마음을 중요하게 생각해야 한다.

20
독창성이야말로 일본 기업이 가야 할 길이다

　현재 일본 기업은 매우 어려운 경쟁 환경에 처해 있다. 인구는 점차 감소하고, 시장은 축소되고 있다. 또한 신흥국 기업과의 경쟁이 격화되고 있다. 이제는 저가만이 아니라 품질까지 갖춘 신흥국 기업이 경쟁 상대가 되고 있다. 그렇다면 일본 기업은 앞으로 어떻게 해야 지속적으로 경쟁에서 승리할 수 있을까?

　범용품汎用品은 최종적으로 가격에서 승패가 결정난다. 그러나 특수품은 독창성이 높아서 가격 경쟁에 휘둘리지 않는다. 결국 특허가 되는 독창성이 높고 부가가치도 높은 제품을 추구해나가는 것이 중요하다. 즉 신흥국 기업이 쉽게 모방할 수 없는 독창적인 제품을 만들어 높은 이익을 실현해가는 것이 필요하다.

　때문에 신에츠화학은 특허 취득에 역량을 쏟고 있다. 업태나 기업

규모로 볼 때도 많은 특허를 보유하고 있다.

신에츠화학이 취급하는 제품 가운데 실리콘 수지가 특수 제품에 해당한다.

실리콘 수지의 용도는 매우 광범위하다. 샴푸와 린스, 화장품에서부터 콘택트렌즈, 의료용 카테테르(소화관, 방광, 체강 등의 내용액의 배출을 측정하기 위해 사용되는 금속 또는 고무로 만든 가느다란 관-옮긴이), 자동차, 휴대폰 등에 쓰인다. 전자재용 등까지 포함하면 그 종류가 5,000종 이상에 달한다.

기본적으로 다품종 소량생산이어서 비용이 많이 든다. 그래도 특수한 기술을 필요로 하는 고부가가치 제품으로서 확실하게 이익을 높이는 것이 가능하다.

앞으로 일본 기업은 부가가치가 낮고 신흥국과 인건비 경쟁을 해야 하는 제품을 판매하는 것은 점점 더 어렵게 될 것으로 본다. 신에츠화학도 그러한 제품은 연구 아이템에서 제외하고 있다.

독창성이 있는 제품을 만들어내는 것은 결코 간단한 일이 아니다. 그러나 일본 기업이 번영하기 위해서는 이 길밖에 없다.

경영의
본질

21
경영은 시황을 보는 눈과 속도가 결정한다

경영은 시황을 보는 눈과 속도가 필수적이다. 신에츠화학이 주력으로 하는 PVC 사업에 있어 시황의 움직임을 읽어내는 것은 매우 어렵다. 그럼에도 나는 여러 가지 '동향'을 매일 빠짐 없이 관찰하면서 PVC의 시황 변동을 읽어왔다.

예를 들면, 어느 고객에게 월초부터 매일 균등하게 출하하고 있는 경우를 보자. 그 고객으로부터 "매일 균등하게 출하하지 말고 이제부터는 월말에 모아서 출하해주기를 원한다"라는 요청이 왔다. 이는 바야흐로 나쁜 징조라 할 수 있다. 수요가 줄어들면 고객사의 공장 가동률이 떨어지기 때문에 월말까지 PVC의 인수를 연기한다.

거꾸로 월말이 아니라 월초에 출하를 늘려달라고 하면, 이것은 시황이 호전하는 좋은 징후라 할 수 있다. 시장에서 수요가 많아지면 고객사는 빠르게 PVC 제품 인수를 원하기 때문에 월초 출하가 증가한다.

고객사로부터의 주문 취소나 일정 조정 통보가 한 건이라도 있다면, 그것만으로 중대한 징후가 된다. 한 건이 나오면, 두 건, 세 건, 똑같은 고객사가 나타난다. 만일 한 건이라도 놓쳐버리고 뒤늦게 알아차렸을 때는 시황이 크게 변동하고, 그 소용돌이에 빠져들 수밖에 없다.

나는 이처럼 매일매일의 출하 움직임 등을 참고하면서 시황을 분석해왔다. 수요가 증가하면 생산설비의 증설을 검토하고, 거꾸로 수요가 떨어질 때는 단지 생산량을 줄이는 것만이 아니라 어떻게 팔지를 생각한다.

고객사의 생생한 육성도 매우 중요하다. 고객사가 구입량을 증감시킬 때는 그 사실을 반드시 보고하도록 하고 있다. 그것이 단순히 일시적인 변화인지 아니면 커다란 조류의 반영인지를 분석해 대책을 모색한다.

그러나 마켓 변화에 대응하여 생산과 판매 계획을 수정해도 시황은 바로 변화한다. 그러면 또다시 계획을 수정한다. 헛된 노력이라고 생각되지만 이러한 노고를 각오하지 않는다면 시황을 보는 역량 습득은 불가능하다.

경영에 있어서 시황을 보는 눈 못지않게 중요한 것이 바로 '스피드'다. 스피드 경영을 실현하기 위해 필요한 것은 호기를 놓치지 않는 결단과 그 결과를 두려워하지 않을 각오, 그리고 발 빠른 업무 집행이다.

예를 들어, 나는 1998년에 광파이버의 소재인 석영 합성물의 붐이 오리라는 것을 예상하고 판매 방법부터 시작해 사업 방식을 전부 변경하도록 했다. 그때까지 미국에는 5~6명의 영업 담당자를 두고 있었지만, 담당자를 한 명의 미국인으로 대신하게 했다.

새로운 담당자를 단기간에 훈련시켜 영업하도록 한 결과, 얻게 된 정보의 양과 속도가 이전의 10배나 되었다. 더욱이 2000년의 IT붐 때는 수요 증가에 대응해 긴급회의를 소집, 2백 수십억 엔의 신공장 건설을 바로 결정했다.

통상 공장 건설에는 약 2년 정도가 걸린다. 하지만 당시 나는 '과달카날'이 떠올라서 신공장을 1년 내에 완공하도록 지시를 내렸다. 여기에서 말하는 과달카날이라고 하는 것은 태평양전쟁 중에 일어났던 과달카날전투(1942~1943)를 말한다.

태평양전쟁 개전 이래, 일본은 비교적 우위에서 전쟁을 치르고 있어 공격하는 쪽이었다. 그러나 과달카날전투에서의 패배로 분위기는 완전히 전환되어 수세에 몰리게 되어 그대로 패전으로 이어졌다. 과달카날 비행장 건설의 지연이 일본군 궤멸의 원인이 되었다고 한다.

사업도 이와 마찬가지로 기회를 놓치면 실패한다. "과달카날을 기억하라"라는 말을 가슴에 새기고 관계자들이 노력한 결과 불과 6개월 만에 신공장의 일부가 완성되었다. 공급체계가 발 빠르게 정비된 덕분에 합성물 사업에서는 3년 반 만에 투자액의 2배에 해당하는 이익을 거둬들일 수 있었다.

22

M&A(인수합병)에서 중요한 것은 인수 후 이익이다

M&A에서 중요한 것은 인수 후 이익을 높이는 것이다. M&A의 목적은 타사가 구축한 경영자원을 활용해 이익 확보를 하는 것이 대전제이다. 1999년 네덜란드의 PVC 메이커인 로빈을 인수했을 때도 이점을 중시해 협상을 진행했다.

로빈이라는 회사는 '쉘케미칼Shell chemicals'과 '아크조노벨Akzo Nobel'이라는 대기업의 합작회사로, 신에츠화학이 인수할 때까지 3년간 적자를 계속 내고 있었다.

보통 M&A라고 하면, 예비적 합의서LOI만 교환하면 그 시점으로부터 2~3개월 안에 정식 합의에 도달한다. 그러나 LOI 교환 시점부터 정식 합의까지 1년 반이나 소요됐다. 여러 가지 조건의 교섭에 상당한 시간을 할애했기 때문이다. 원재료 공급부터 노동계약, 하자담보

조건 등 많은 현안에 대해 끈질기게 협상했다. 특히 원재료 공급 조건은 철저하게 따지고 넘어갔다.

PVC의 원재료는 로빈의 모회사에서 구매하는 것으로 되어 있다. 로빈은 싸게 구매하고 있다고 하지만 원재료를 비싸게 매입하고 있다면 의미가 없다. M&A를 성사시켜 빠르게 흑자로 바꾸고, 이익을 내기 위해서라도 조건 면에서 양보할 이유가 없었다.

초조하게 협상을 진행할 필요는 없었다. 손익을 좌우하는 중요한 조건에 대해서는 억지로라도 시간을 갖고 교섭해야 한다. 또한 당시 로빈의 M&A 협상에 있어 교섭 상대가 2개사였던 상황도 유효하게 활용했다.

어느 때에는 쉘케미칼과 하나가 되어 아크조노벨을 설득한다. 별도의 기회에는 반대로 아크조노벨과 함께 쉘케미칼을 설득했다. 이렇게 유리한 조건을 만들어가면서 130억 엔으로 로빈사를 인수했다. 합병 초년부터 흑자로 전환시켜 투자수익률이 높은 사업이 됐다.

23

회사 전체를 볼 수 있는 경영이 수익을 만든다

신텍은 범용수지인 PVC를 만들어 높은 수익률을 유지하면서 성장해왔다. 어떻게 그것이 가능했을까?

커다란 이유는 PVC라고 하는 소재 자체가 물성과 가공성, 경제성이 뛰어난 수지이기 때문이다. PVC의 원료는 약 50%가 소금이기 때문에 원료의 대부분이 석유인 타석유화학 제품에 비해 원유 가격이 급등해도 상대적으로 영향을 덜 받는다.

또한 PVC는 환경 보전이라는 시대의 흐름에 적합한 소재이다. 지구환경 보전의 관점에서 보면, 건축자재로서 PVC를 대체할 만한 소재를 찾기가 쉽지 않다. PVC를 대신해 목재를 쓴다면 산림 파손이 진행되고, 지구환경에 커다란 악영향을 미치게 될 것이다.

이처럼 PVC의 우수한 특성을 잘 알고 있는 상태에서 투자를 지속적으로 해왔던 것이 주효했다고 말할 수 있다.

그러나 PVC 사업을 영위해온 회사가 비단 신에츠화학만은 아니다. "범용품인 PVC로 신에츠화학은 어떻게 수익성을 높일 수 있습니까?"라는 질문을 받는 경우가 많다. "신에츠화학의 제조공정이 우수하기 때문에 성공했다"라는 분석도 있지만, 이 분석은 옳지 않다. 왜냐하면 신에츠화학은 1960~1970년대에 걸쳐 PVC의 제조기술을 미국과 유럽의 회사에 판매해왔기 때문이다. 즉 동종 업계의 다른 회사도 당사와 같은 기술을 갖고 있는 것이다.

하지만 기술이 동일하다 해도 반드시 똑같은 결과가 나온다고 단정할 수는 없다. 그뿐 아니라 당사의 기술라이센스를 얻은 회사가 수익성이 나빠져 PVC 사업을 매각하거나, 앞에서 말한 로빈사와 같이 최종적으로 당사가 그 공장을 매수한 사례도 있다.

따라서 기술 관점으로 실적 차이를 설명하는 것은 불가능하다. 연구개발이나 제조, 판매, 조달, 재무라는 일체의 요소에 관심을 갖는 경영이 수익을 만들어낸다. 즉 모든 것을 고려한 경영 노력의 축적이 수익을 만든다.

24
구산업이라고 해서 사업 철수의 이유가 되지는 않는다

나의 경영 방법에 대해 '미국적'이라고 평가하는 사람도 있는 듯하다. 합리성과 스피드를 중시하는 자세가 미국인의 생각과 비슷하다고 보는 것이다.

하지만 나 자신은 결코 '미국적'이라고 생각하지 않는다. 특히 최신의 풍조라든지 유행하는 것을 따라가지 않는다는 점에서 그러하다. 일반적으로 미국이나 유럽의 경영자는 낡은 것은 버리고 새로운 것에 주력하는 것을 좋아한다. 시대의 첨단을 이끄는 기술이나 서비스를 지향하는 경향이 있다. 한편 예로부터 영위해온 사업에서 자금을 회수하려고 한다. '구경제에서 신경제로'라고 하는 것이 미국이나 유럽식 경영 마인드이다.

나는 구산업이라고 해서 철수하는 일은 하지 않는다. 이익이 난다면 소중하게 여긴다. 예를 들어, 신에츠화학이 창업 당시부터 계속해온 비료사업이 있다. 내가 사장이 되고 난 뒤 사업 규모가 축소돼 장래성이 없어 보였다. 사내에서도 비료사업을 철수해야 한다는 소리가 들려오곤 했다.

그러나 나는 사장으로서 12년 동안 비료사업을 계속했다. 왜 장래성이 없는 사업에서 철수하지 않았을까? 그것은 비료사업이 매년 1억~3억 엔의 이익을 내고 있었기 때문이다.

매년 1억 엔 이상이면 큰 이익이라고 할 수 있다. 신규 사업으로 그 정도의 이익을 내려고 하면 상당한 노력이 따른다. 최종적으로는 그 비료사업을 매각했으나, 이익을 내는 이상 잘라버릴 필요는 없다고 생각해서 사업을 계속하도록 했던 것이다.

구산업이라고 해서 사업 철수의 이유가 되지는 않는다. 또한 신에츠화학에는 PVC라고 하는 구산업이 지금까지도 주요한 사업의 한 축을 담당하고 있다. 신텍 설립 다음 해에 공장 조업을 개시한 1974년부터 미국에서 PVC 사업을 시작한 이후 계속해서 커다란 이익을 안정적으로 올리고 있다. 전 세계적으로 하이테크업계가 곤두박질하는 와중에도 구산업이 신에츠화학을 지탱해주었다.

25
'강한 체질의 회사 만들기'를 우직하게 고집해왔다

미디어에는 '시대의 총아'라는 경영자가 잇달아 등장하고 있다. 하지만 나 자신은 영웅이 되고 싶다고 생각한 적이 한 번도 없다.

특히 미국의 경영자 중에는 영웅이 되고 싶어 하는 사람이 비교적 많은 것 같다. '히어로 지원자'들은 시류나 버블기에 편승하여 자금을 조달하고 매수를 되풀이하는 등 급격하게 기업 규모를 확대해간다. 이렇게 함으로써 미디어에서도 주목받고, 시대의 총아로서 자자한 칭송을 받는다.

하지만 결국은 버블기에 편승했을 뿐이고, 화려한 업적은 그럴싸하게 보여준 것에 지나지 않는다. 유행이 지나면 이를 따라 경영하는 기업의 실적도 급락하게 된다. 게다가 기업마저 도산해 경영인 자신 또한 몰락해가는 경우도 적지 않다. 실제로 그러한 미국인 경영자를 나는 여러 명 봤다.

기업 경영에서 일시적으로 아주 좋은 실적을 올린 것만으로는 진정으로 성공했다고 말할 수 없다. 주위로부터 주목을 받더라도 일과성에 그치는 것은 의미가 없다.

진정한 성공은 버블기나 극심한 불황기에도 계속해서 이익을 내는 것이다. 게다가 그것을 가능한 한 오래 지속하는 것이다. 나는 신에츠화학을 그러한 의미에서 정말로 성공시키고 싶다는 생각으로 계속 경영해왔다.

천만다행으로 신에츠화학은 수많은 위기를 극복하고, 이익을 지속적으로 내는 것이 가능해졌다. 영웅이 되고자 하거나 일시적인 유행에 들뜨지 않고, 오직 '강한 체질의 회사 만들기'를 우직하게 목표로 삼아온 결과인 셈이다.

기업을 경영한다는 것은 의외로 소소한 것이기도 하고, 무엇보다 매일매일 축적해가는 것이 중요하다. 안이한 히어로에 대한 염원은 이러한 견실한 모습과는 극과 극이라고 할 수 있다.

26
오늘 해야 할 일을 완수하지 않는 회사는 3년, 10년 후에도 성장하기 어렵다

미국 기업 경영자의 영향일지도 모르지만, 일본에서도 '비전'을 말하는 경영자가 각광받고 있다. 또한 "눈앞의 것에 그다지 시끄럽게 떠들어댈 필요는 없다. 그러한 것보다는 넓고 큰 시야로 100년 대계를 수립하는 것이 경영자가 갖춰야 할 자세다"라는 의견을 많이 듣는다.

이러한 관점에서 투자가에게 멋진 비전을 제시하고, 중장기 경영계획에 힘을 쏟는 기업들이 많다. 어떻게 장밋빛 청사진을 제시하느냐에 따라 기업의 가치가 결정되는 게 최근의 풍조이다.

하지만 나는 그러한 시류에는 동조할 수 없다. 냉정하게 생각해본다면 누구든 미래의 일은 알 수가 없다. 나는 예측도 할 수 없는 미래의 꿈같은 얘기를 말하기보다는 눈앞의 현실을 중히 여기고, 매일매일의 일에 전력을 꾀하는 것을 중시하고 있다.

이러한 나의 경영철학에 따라 신에츠화학은 중장기 경영 계획을 만든 적이 없다. '비전'이라는 것을 공표하지도 않았다. 원래 내가 사장이 되기 전에는 중장기 경영 계획을 수립했었다. 거기에는 많은 시간과 일손이 들었다. 그러나 그만큼 노력을 들여서 중장기 경영 계획을 수립했음에도 실제 경영에는 그다지 도움이 되지 않았다.

신에츠화학은 PVC와 같은 시세변동 제품을 취급하고 있기 때문에 시세가 조금만 변해도 중장기 경영 계획으로 수립했던 목표들이 뒤틀어진다. 그러한 것에 노력을 할애할 바에는 차라리 눈앞의 일에 전력을 기울이는 게 좋다. 이러한 생각으로 현재도 회사 전체의 중장기 경영 계획을 만들지 않고 있다.

그럼에도 오해하지 않았으면 하는 점은 장기적인 전망이 불필요하다는 것은 아니라는 것이다. 현재의 과제에 전력으로 매진했을 때 비로소 장기적인 전망이 나타난다. 이 반대의 상황은 있을 수 없다고 본다.

만일 어떤 신규 사업의 경우 장기 전망을 어떻게 펼쳐갈까를 구상한다고 하자. 일반적인 경영자라면, 예를 들어 금년 매출이 3억 엔이라고 하면, 1년 후 10억 엔, 3년 후 50억 엔, 5년 후 100억 엔이라는 개략적인 목표를 수립한다.

게다가 매출 목표를 실현하기 위해서 '어떻게 시장에 접근해야 할까', '10년 후에 이 사업을 어디까지 발전시켜야 하나'라는 생각을 한다. 물론 이익률의 개선 등도 고려한다. 이러한 장기적인 전망은 시뮬레이션이 필요하다. 바꾸어 말하면, 이러한 전망을 하지 않는 신규 사업은 구체적인 미래상을 기획하지 않은 사업이라 할 수 있다. 그런 신규 사업은 실행에 옮길 가치가 없다.

그러나 장기 전망은 어디까지나 가정에 지나지 않는다. 사업을 진행하는 데 중요한 것은 무엇보다도 눈앞의 일을 확실하게 축적해 나아가는 것이다. 장기 전망에 구애된다면 오히려 현실의 변화에 대응할 수 없게 된다. 시장이라고 하는 것은 생각대로 움직여주는 것이 아니다.

우선해야 할 것은 계획이 아니라 눈앞의 시장에 있다. 자신이 그린 장기 전망을 옆에 두고 눈앞의 일을 확실하게 추진해간다면, 시장의 변화가 보이게 되고 변화에 발 빠르게 대응할 수 있다.

역설적인 표현이지만, 계획을 실현하기 위해서는 끊임없이 수정하지 않으면 안 된다. 시장을 냉철하게 관찰하고, 새로운 사태가 발생할 때마다 계획을 수정해간다. 그리고 난 뒤에야 비로소 장기 전망이 펼쳐진다고 할 수 있다.

그 실례가 바로 신텍이다. 신텍은 늘 풀생산, 전량 판매를 지속해 세계 PVC 시장을 이끌어왔고, 설비능력을 확대해왔다. 이러한 축적을 통해 'PVC 생산능력 세계 1위'라는 결과로 이어질 수 있었다.

오늘 해야 할 일을 완수하지 않는 회사는 3년 후, 10년 후 미래에 필요한 것을 달성할 수 없다. 먼저 자신의 눈앞에 있는 과제부터 진지하게 대처해야 한다.

27
시장가에 파는 것이 가장 좋은 영업이다

영업의 기본은 신용이다. 나는 언제나 사원들에게 이렇게 가르치고 있다.

"남을 계략에 빠뜨리는 것은 영업이 아니다. 그러한 짓을 해서 한 번은 성공할 수 있어도 중요한 신용은 결정적으로 잃게 된다. 그러면 다음부터는 더 이상 상대할 수 없게 된다. 그러니 눈앞의 이익에 사로잡혀 소중한 신용을 잃어버리는 것과 같은 안이한 술책에 빠지는 것은 피하라."

상대에게 손해를 입혀도 어쨌든 자신이 이득을 얻으면 상관없다는 불성실한 태도로는 고객과의 신뢰 관계를 쌓는 것이 불가능하다. 단기적으로는 큰 이익을 내어 회사가 성장할 수 있을지도 모르지만 그것을 계속해나가기는 어렵다.

그렇다면 성실한 영업은 어떠한 것일까. 이것을 확실히 보여줄 수 있는 것은 제품의 가격을 책정할 때라고 본다. 영업하는 쪽의 이해만을 생각한다면 판매가를 높게 책정할수록 좋다고 말할 수 있다. 그러나 그러한 태도로 판매를 하면 머지않아 고객도 비싸게 샀다고 알아차린다. 한 번이라도 그러한 경험을 했다면, 두 번은 그곳에서 사지 않는다. 한마디로 고객들로부터 신용을 잃어버리는 결과를 낳는다.

그렇다고 해서 시장가보다 싸게 파는 것은 절대로 해서는 안 된다. 싸게 판다면 고객은 기뻐하겠지만 회사는 큰 손해를 본다. 저가 판매로 회사가 기울어져 가면 이익은커녕 본전마저도 까먹는다.

시세보다 싸게 파는 영업은 결코 좋은 영업이라 할 수 없다. 고객에게 시세에 맞게 파는 것이 좋은 영업맨의 조건이다.

비즈니스의 성공은 신용에 있다. 신용이라는 것은 상대의 이익도 고려하여 공정하게 거래하는 것에서 생겨난다. 비즈니스는 오늘만 한정된 것이 아니라 수십 년 계속해서 이어지는 것이기 때문에 일시적인 돈벌이에 빠지지 않고, 장기적인 관점에서 영업해야만 한다.

고객의 신용을 소중하게 여기면서 성실하게 영업을 하는 회사야말로 오래도록 생존할 수 있다. 한층 더 신용을 쌓아가기 위해서는 일상의 성실한 영업은 물론이고, 고객이 어려울 때 도우려고 하는 자세가 중요하다.

나는 장래 유망하나 현재 곤란을 겪고 있는 고객이 있으면 과감하게 도움을 주었다. 곤란할 때 도움을 주면 고객은 그것을 결코 잊지 않는다. 또한 고객이 어려움을 극복하고 성장하면 반대로 나에게 도움을 줄 것이다. 고객과 함께 성장하는 것이 이상적인 신뢰 관계라고 말할 수 있다.

덕분에 고객이 신텍의 열렬한 팬이 되는 경우도 많다. 이들이 우리 제품을 더 많이 사용한다. 또한 신텍이 어려울 때는 "신텍 이외에는 쳐다보지도 않는다"라고까지 말해주는 고객사도 있다. 영업은 무엇보다도 신뢰 관계가 중요한데 고객사가 이렇게까지 이야기해준다면 그야말로 성공한 것이다.

고객이 팬이 되기까지는 어느 정도의 시간을 필요로 한다. 한편 모처럼 팬이 되었지만 주요 멤버가 은퇴하게 되면, 또다시 처음부터 신뢰를 쌓아가지 않으면 안 된다. 그렇다 하더라도 견실하게 성실한 영업을 이어가는 것이 중요하다.

나 또한 누구보다도 앞장서 판매를 해왔다. 특히 1978년 신텍의 사장으로 취임한 초기에는 사생결단을 한다는 각오로 영업을 했다. 당사의 모회사인 신에츠화학의 상무를 겸임하면서 1개월마다 일본과 미국을 오가는 생활을 계속했다.

1980~1981년에는 시황이 급격히 악화되었기 때문에 더더욱 필

사적으로 영업 담당자와 하나가 되어 비행기를 타고 미국 전역을 돌며 판매에 나섰다.

제품이 팔리지 않으면 공장은 멈춰버린다. 이러한 불안이 점점 심해져서 잠 못 이루는 밤도 보내야만 했다. 상담을 할 때는 고객으로부터 가격 인하 요청을 받을 때가 많았다. 그럴 땐 자리를 떠나 어떻게 대응해야 하는지 판매 담당자와 서둘러 이야기를 하곤 했다.

그러나 시간이 많이 걸리면 상대방이 얕보게 된다. 사장으로서 최대한 결론을 내리면서 상담을 성사시켜나갔다. 이러한 영업 노력과 신뢰 조성이 신텍 성장의 기초가 되었다고 생각한다.

28
건강관리도 경영자에게는 중요한 업무이다

이벤트나 기념식, 파티 등에 참석하는 것이 경영자의 주요한 역할이라고 말하는 사람도 있지만 나는 그러한 모임에 되도록 참가하지 않으려 하고 있다. 참가하면 몸이 피로하고 다른 실무적인 업무가 불가능하게 된다.

1999년 말 네덜란드의 PVC 사업의 매수 협상이 완료되었을 때도 그러했다. 최종적으로 계약을 체결하는 일만 남아 있었지만 업체에서는 런던으로 와주었으면 좋겠다고 나에게 요청했다. 모처럼의 초대였기 때문에 원칙적으로는 참석했어야만 했다.

물론 다양한 사람과 만나는 것도 매우 중요하다는 사실을 알고 있다. 하지만 나는 그것보다도 경영자로서 중요한 안건에 시간을 사용하고 싶었다. 결국 계약서에 서명하는 것은 팩스로 마무리하고, 계약

체결 파티도 중지해달라고 부탁했다.

　상대방은 매우 실망했으리라고 생각한다. 그렇지만 나는 보다 실질적인 업무에 에너지를 할애하고 싶다. 경영자는 매우 바쁘고, 시간을 효율적으로 사용해야만 하는 것이 나의 신념이기 때문이다.

　저녁 회식 등에 참석하면 어쨌든 피곤하게 마련이다. 피로를 떠안으면 경영자로서 중요한 업무에 집중할 수 없게 된다. 본업과 관계가 있는 인맥을 쌓는 경우라면 노고를 아끼지 않겠지만, 나는 저녁 회식에는 원칙적으로 참석하지 않는다.

　일찍 귀가할 경우 밤 10시쯤에 자는 것이 가능하다. 숙면을 취하면 머리가 산뜻해질 뿐만 아니라 좋은 생각이 쉽게 떠오르고 컨디션도 좋아진다. 건강관리도 경영자에게는 중요한 업무이다. 매우 바쁜 경영자는 병에 걸릴 틈도 없다.

29
모르는 것은 모른다고 솔직히 인정하고, 새로운 지식을 습득한다

새로운 제품이 개발될 때마다 나는 사원들에게 많은 질문을 한다. 모르는 것을 그대로 두는 것은 결코 좋지 않다. 그 사업을 이해하기 위해서는 제품의 특징이나 용도, 타사와의 차별화 유무 등을 깊이 이해할 필요가 있다. 만약 타사와의 차별화가 가능하다면 영업 면에서도 당당하게 나아갈 수 있다.

차별화가 어렵다면 다른 관점에서 영업적인 노력을 기울일 수밖에 없다. 이러한 판단을 위해서라도 신제품에 대한 본질을 이해하는 것은 중요하다. 이때 어쨌든 중요한 것은 절대 모르는 것을 알고 있는 듯한 태도를 취하지는 말아야 한다는 것이다.

경영자뿐만 아니라 상사인 경우, 자신이 모른다는 사실이 알려지는 것이 싫어서 알고 있는 듯한 태도를 보이게 된다. 하지만 그러한 태도는 옳지 않다. 업무에서 중요한 것은 결과다. 그 과정에서 모르는 게 있는 것은 부끄러움도 그 무엇도 아니다. 오히려 모르는데도 알고 있는 듯한 태도로 업무에 마이너스 영향을 미치게 한다면, 이것이야 말로 훨씬 더 부끄러운 일이 될 것이다.

또한 대표가 질문을 하는 것은 대표 자신의 이해를 높이기 위한 것일 뿐만 아니라 질문을 받는 쪽인 사원의 이해도 또한 높일 수 있다. 예를 들어, 나는 사원들에게 "빛의 3원색인 빨강, 초록, 파랑을 어떻게 세 겹으로 중첩시키면 흰색이 나오는가"라는 질문을 했다. 그러자 죽 늘어서 있던 기술직 사원들 가운데 어느 누구도 정확하게 설명하지 못했다. 그들도 그러한 기본적인 것에 대해서는 겉핥기식 이해로 방치해둔 탓이었을 것이다.

며칠 뒤 그들은 그 건에 대해 조사해서 내가 이해할 수 있도록 설명해주었다. 또한 내 질문을 계기로 본질의 기술적인 이해가 깊어졌다고도 말했다.

모른다는 사실에 마음을 두어서는 안 된다. 모르는 것은 모른다고 솔직하게 인정하고, 새로운 지식을 흡수하는 자세가 중요하다.

30
기업지배구조는 형식보다 실제적인 기능이 중요하다

    기업지배구조의 관점으로 사외이사의 중요성이 높아지고 있다. 신에츠화학은 현재 4명의 사외이사를 두고 있다. 2001년에는 프랭크 씨(미국 다우케미칼 전 CEO)를 사외이사로 선임했다. 그 뒤 미야자키 쓰요시 씨(미쓰비시 소우꼬 상담역, 일본 항만 행정의 실력자로 항만 행정의 발전에 기여), 후쿠이 토시히코 씨(전 일본은행 총재, 캐논 글로벌전략연구소 이사장), 고미야마 히로시 씨(전 도쿄대학 총장, 미쓰비시 종합연구소 이사장)가 사외이사로 취임했다. 원래부터 당사와 다우케미칼사는 비즈니스를 통해 오랫동안 교류가 있었고, 프랭크 씨의 경영 수완과 인격도 잘 알고 있다.

    프랭크 씨가 다우케미칼을 떠난 후 "꼭 신에츠화학의 사외이사로 취임해주십시오"라고 요청했다. 프랭크 씨는 기업지배구조의 선진국인 미국과 유럽에서의 경영상의 경험을 바탕으로 귀중한 조언을 해주었다. 게다가 신에츠화학의 임원 보수를 결정하는 보수위원회의 위원장으로 취임하기도 했다.

미야자키 씨는 미쓰비시 소우꼬의 사장·회장을 역임하였다. 사려 깊은 견해를 가진 그는 늘 많은 가르침을 주었다. 일본은행 총재로 근무했던 후쿠이 씨는 경제를 주축으로 한 전문적인 식견을 기반으로 소중한 의견을 제시해주었다.

공학박사인 고미야마 씨로부터는 기술적인 면뿐만 아니라 사회문제 해결이라는 관점에서 도움을 받았다. 이처럼 신에츠화학은 기업 지배구조 방침이 제정되기 이전부터 사외이사를 영입, 회사 경영 활동에 도움을 받았다.

이렇듯 훌륭한 이들을 사외이사로 영입함으로써 결과적으로 임원 회는 물론 사내의 긴장감도 높아졌다. 기업지배구조에서 중요한 것은 형식이 아니라 실제적인 기능을 할 수 있도록 하는 것이다.

31
제품은 팔고, 기술은 팔지 않는다

과거 신에츠화학은 자사의 기술을 판매한 적이 있다. 어디까지나 지금과는 달리 자금력이 부족했던 시기의 이야기이다. 1960년대부터 1970년대에 걸쳐 자금이 필요했기에 나는 신에츠화학의 해외사업부에서 PVC 기술 등을 팔았다. 메이커인 신에츠화학이 제품이 아닌 기술을 팔았기 때문에 많은 라이센스비를 벌게 되었다.

예를 들어, 신에츠화학은 1960년에 이탈리아 기업으로부터 천연가스를 분해해 아세틸렌과 메탄올을 제조하는 관련 기술을 도입했다. 그러나 플랜트(원료나 에너지를 공급하여 물리적·화학적인 작용을 하게 하는 공장시설 또는 생산시설-옮긴이)에서 문제가 계속 발생해 제대로 가동되지 않았다. 사내 기술자들의 각고의 노력 끝에 독자적으로 이 기술을 개량해 플랜트를 순조롭게 가동할 수 있게 되었다.

이러할 즈음, 이탈리아에서도 동일 기술을 도입, 고전하고 있는 폴란드의 공장으로부터 기술 원조를 요청받아 당사에서 개량한 기술을 수출했다. 이것이 계기가 되어 헝가리에도 기술 수출이 이뤄졌다. 이러한 기술 수출의 결과로 회사 자금흐름이 원활해졌고, 주주에게도 배당을 할 수 있게 되었다.

원칙적으로는 기술이 아닌 제품을 만들어 판매하는 것이 메이커의 기본적인 자세이다.

그러한 당연한 일이 당시 신에츠화학에서는 실현 불가능했다. 메이커의 기술을 판매하는 것 자체가 결코 나쁜 것은 아니다. 재무상태가 좋지 않았던 그때 당시, 신에츠화학에서 필요한 비즈니스였다. 기술을 팔았기 때문에 신에츠화학은 어려운 시대를 극복하고 생존할 수 있었다.

하지만 제조업에 있어 기술은 생명선이기 때문에 가능한 한 팔지 않는 것이 좋다. 지금 신에츠화학은 기술을 팔 필요가 없어졌다. 제품은 팔고, 기술은 팔지 않는 자세로 일관하고 있다.

제조업에 있어 중요한 것은 자사의 기술을 최대한 이용해 사업화하는 것이고, 만들어낸 제품을 모두 판매하는 것이다. 진정한 기술을 활용하여 경영을 실현하기 위해서라도 '제품은 팔고, 기술은 팔지 않는다'라는 자세와 각오가 대단히 중요하다.

32
정부 시책과 금융 지원 자금을 갖고 하는 사업은 하지 말아야 한다

정부 시책이나 금융 지원 자금을 갖고 추진하는 사업은 하지 말아야 한다. 일본에서나 해외에서나 당당하게 자유경쟁을 통해 성공하는 사업이 아니라면 안 된다는 것이 나의 기본적인 생각이다. 자유로운 경쟁 환경 아래에서 '사업 그 자체를 성장시키기 위해서 어떻게 하면 좋을까'라고 하는 것에 에너지를 쏟는다. 이것이 기업이 갖추어야 할 자세일 것이다.

기업 본래의 사명은 어디까지나 사업을 추진해 수익을 내는 데 있다. 금융기관과의 협상을 통해 자금을 빌리는 것은 이를 위한 하나의 수단에 지나지 않는다. 그럼에도 불구하고 금융기관으로부터 자금을 빌리려고 하면, 예외 없이 사업과 직접적인 관계가 없는 작업에 힘을 쏟아야만 하는 일이 생겨버린다. 경우에 따라서는 방대한 양의 서류를 준비할 필요도 있다.

그러한 일에 시간과 노력을 쏟다 보면 사업의 좋은 기회를 놓칠 수도 있다. 그보다는 조금이라도 빨리 투자를 실행해 사업을 궤도에 올려놓는 일에 역량을 집중해야 할 것이다.

내가 자기자본에 의한 투자에 집착해온 이유도 그 때문이다. 최고의 적절한 시기를 염두에 두고, 신속하게 사업을 진척시키기 위해서는 외부의 의도에 좌우되지 않는 자기자본을 확보하는 것이 절대적인 조건이다.

예를 들어, 당사 주력 사업인 PVC와 반도체 실리콘 웨이퍼는 수요가 증가하는 시기에 증설투자를 진행해왔다. 어떠한 사업도 시황의 움직임에 발 빠르게 대응하는 것이 경쟁력과 직결된다. 따라서 세계 최고의 시장 점유율을 만들 수 있었다. 투자에 있어 타이밍은 바로 생명선이다. 그 생명선을 잡고 있는 것은 기업 자신이어야만 한다.

행정 기관의 지원을 받아 사업을 진행하면, 어떻게든 사회에 봉사하고 있는 듯한 느낌이 들지도 모르지만 그것이 사업의 본질은 아니다. 지원을 받기 위해 시간과 노력을 쏟고 있는 사이에도 비즈니스의 기회는 점점 멀어져 간다.

그 회사의 사업에 관련한 사항이야말로 본래 해야 할 업무이다. 사업과 직접 관련이 없는 노력은 최소한으로 억제해야 한다.

33
고객의 클레임은 하늘이 준 기회이다

기업에 있어서 클레임고객 불만은 하늘이 준 기회이다. 클레임에 성실하게 임해 진지하게 대응할 수 있는 기업은 실적을 향상시킬 수 있다. 좋은 회사는 클레임을 활용한다. 자사에 책임이 있다면 성실하게 문제를 해결한다. 그렇게 하면 고객사와의 사이에 한층 견실한 신뢰 관계를 구축할 수 있다.

클레임에 성실하게 대처하지 못하는 회사는 미래가 없다. 신에츠화학은 고객 불만에 성실하고 철저하게 대응하고 있다. 불성실하게 대응하면 문제는 해결되지 않는다. 고객이 지적했다는 것은 거기에 어떠한 형태로든 문제가 있다는 것이다. 클레임에는 정면 대응해야 한다. 영업뿐만 아니라 제조, 개발도 항상 고객의 시점에서 일하도록 하고 있다.

연구부서의 직원들에게도 고객들과 실제적으로 사용하는 사람의 의견을 듣도록 촉구하고 있다. 사용하는 사람의 의견을 경청할 경우 어떠한 기능을 필요로 하는지, 당사 제품의 어디가 좋고 어디가 나쁜지를 알게 된다. 고객의 의견을 듣고 이해해야만 고객이 진정으로 요구하는 제품을 제작할 수 있다.

대응 속도 또한 중요하다. 따라서 고객으로부터 클레임이 발생한 경우, 최대한 신속하게 대응하고 있다. 빠르게 고객을 만족시킬 수 있는 형태로 문제를 해결한다면 곧바로 고객과의 신뢰로 연결된다. 만약 적당히 대응한다면 신용을 잃는다.

클레임이라는 '신의 목소리'가 베풀어준 기회를 잡을지 놓칠지는 자신에게 달려있다. 클레임에 맞서 확실하게 문제를 해결해가는 것이야말로 기업에 있어서 필수불가결이다.

물론 클레임 중에는 확실히 불합리한 점도 있다. 그럴 때 '고객은 신'이라는 생각으로, 그 불합리를 한결같이 감내하는 기업도 있다. 그러나 내가 생각하는 '고객중심주의'는 불합리를 내버려 두는 것이 아니다. 아무리 강한 존재라 하더라도 만일 잘못이 있다면, 분명하게 지적하여 실증하고 납득시켜야 한다.

회사를 지켜내야 할 때는 정정당당하게 다툴 필요가 있다. 동시에 불합리한 클레임과 싸우면서 장기간 거래가 가능한 고객과 그렇지 못한 고객을 알게 된다. 자신이 갑이라는 입장을 이용하여 "우리는 나쁘지 않아"라고 하며 불합리한 클레임을 걸어오는 상대는 장기 거래가 불가능하다.

내가 이러한 클레임 대응에 역량을 쏟는 것은 개인적인 경험도 영향을 미치고 있다. 신에츠화학에 입사하기 전에 종합상사에서 12년간 근무했지만, 상사에서는 본인이 직접 물건을 만들지 않기 때문에 클레임을 받을 때마다 사실 답답하다는 생각이 들었다.

만약 메이커가 클레임을 받는다면 바로 직접 품질 개선을 취하는 것이 가능하다. 클레임 대응은 메이커에게 있어 자신의 제품의 품질을 보다 좋게 하는 절호의 기회가 된다.

이후 신에츠화학에 입사한 나는 제품 제조의 세계에서 고객을 위한 다양한 개선을 시도해왔고, 당당하게 클레임에 대응할 수 있다는 것에 큰 기쁨을 느끼고 있다. 물론 가장 중요한 것은 클레임과 연계되는 품질 문제를 일으키지 않는 것이다. 이를 위해서는 철저한 품질 관리가 중요하다. 따라서 신에츠화학은 품질 관리에 최대한의 역량을 집중하고 있다.

이와 관련해 언급해두고 싶은 인물이 있다. 그는 마쓰시타 히데야라고 하는 신텍의 사원으로, PVC 수지의 품질 관리와 출하 설비조업과 그 증설에 힘을 쏟았던 인물이다. 그는 제품을 출하할 때 한 봉지

마다 중량을 확인하는 꼼꼼함이 있었다. 헌신적이고 정확한 업무 처리는 미국인 동료들에게 존경을 받았고, 모범이 되었다.

그는 1994년에 퇴직했지만 그의 근면함을 기리고 공적을 기억하고 유지하기 위해 신텍 측은 '마쓰시타히데야상'을 제정했다. 그가 발휘한 업무에 대한 강한 책임감과 근무 태도를 알리기 위해 매년 근로윤리와 근무 태도가 뛰어난 사원을 선발하여 표창하고 있다. 마쓰시타 씨가 배양한 품질 관리의 정신은 지금도 당사에 남아 유지되고 있다.

34
불가능할 때는 확실하게 불가능하다고 얘기한다

해외에서 일하는 일본인은 종종 오해를 사기 쉽다. 일본인들이 무의식중에 애매한 태도를 취하는 경향이 있는 탓이다. 일본 기업은 국제적인 비즈니스에 적합하지 않다든지 국제 감각이 없다고 얘기하는 경우도 있다.

이러한 오해가 생기는 것은 일본인 비즈니스맨들이 '좋다Yes' 혹은 '싫다No'를 확실하게 하지 않기 때문이다. '불가능하다'고 확실하게 말하지 않고, 불가능한 것도 마치 가능한 것처럼 말하기 때문에 오해를 불러온다.

만일 일본인이 일본 국내에서만 일한다면 그러한 애매한 태도는 문제되지 않을 것이다. 일본에서는 가능한지 아닌지 잘 모른다 할지라도 사실대로 말하면 일을 그르칠 수도 있기 때문에 '일단 가능하다고 말해 두자'라고 하는 경우가 있다.

그러나 해외에서는 이러한 태도가 반드시 문제를 야기한다. 따라서 불가능할 때는 이유를 명확하게 들어 확실하게 불가능하다고 말해야 한다. 혹은 "노력은 하겠지만 이러한 문제점이 있다"라고 표현해 어떻게든 근거를 명시할 필요가 있다.

특히 영어권 국가에서는 가능하다고 말한 것이 불가능해졌을 경우 결정적으로 신용을 잃게 된다. 일본에서와 같이 '그래도 열심히 했으니까'라든지 '악의는 없었기 때문에' 등의 호의적인 해석은 절대 받을 수 없다. 장래를 내다보는 역량이 있다면, 일본인은 가능한 것과 불가능한 것을 분별해야 할 것이다.

판단력의 결여가 원인이든 의도적인 거짓이 원인이든 약속을 지키지 않는다면 결국은 똑같은 것이다. 불가능한 것을 경솔하게 떠맡으면 해외에서는 신용을 잃는다. 불가능할 때는 확실하게 '불가능하다'고 말해야 한다.

35
내가 가장 중요시하는 경영지표는 자기자본 비율이다

　기업가치를 최대화하는 것은 경영자의 커다란 책무이다. 여기에서 주의해야 할 것은 장기적인 관점을 잊어서는 안 된다는 것이다. 일시적, 단기적으로 기업가치를 높이는 것이 아니라 이익의 절대액을 늘리고 장기적이고 안정적으로 성장을 실현해 기업가치를 최대한 높이는 게 올바른 방향이다.

　일반적으로 경영지표로는 이익률을 필두로 각종 수익률 지표를 꼽을 수 있다. 물론 우리 회사도 이익률을 중시하고 있다. 하지만 이익률에 휘둘리게 되면 경영이 크게 왜곡된다는 게 나의 생각이다. 회사의 가장 기본적인 임무는 투자가가 맡긴 자금을 사업에 투자해 이익을 높이고, 거기에 또다시 투자해 사업을 확대하는 것이다.

　투자를 하기 위해선 자금이 필요하다. 자금은 이익의 절대액으로부터 생겨난다. 신에츠화학은 스스로 벌어들인 이익을 자기자본으로 삼아 대형투자를 지속적으로 실시해 이익의 절대액을 증가시켜왔다.

　이러한 의미에서 내가 가장 중요시하고 있는 경영지표는 자기자본 비율이다. 이는 신에츠화학 입사 전 종합상사에서 채권 회수 업무를 하고 있을 당시 '회사는 부채로 망한다'라는 경험으로부터 얻은 것이다. 내가 사장으로 취임한 1990년 당시, 신에츠화학의 자기자본 비율은 38%였다. 이후 무차입 경영을 계속한 결과, 2017년에는 80.8%까지 올라갔다.

　또한 배당에 대해서는 장기적인 관점에서 수립, 사업수익 확대와 기업체질 강화에 주력했다. 이러한 경영 노력의 성과를 주주에게 적정하게 환원하는 것이 중요하다. 장기에 걸쳐 안정적인 배당을 지속하는 것이 주주에게 보답하는 길이라고 믿고 있다. 경영지표는 몇 가지가 있지만, 그 원점은 주주에게 진정한 의미로 보답하기 위한 것이라는 점을 결코 잊어서는 안 된다고 말하고 싶다.

36
리더가 필사적이지 않으면 개혁을 실행할 수 없다

누군가 나에게 인생 최대의 은인이 누구인지 묻는다면 주저 없이 "오다기리 신타로 씨"라고 답한다. 오다기리 씨는 1974년부터 1983년까지 신에츠화학의 사장으로 근무했다. 오다기리 사장 밑에서 나는 큰 임무를 맡아 최고경영자가 어떻게 해야 하는지를 배웠다. 오다기리 씨가 있었기에 지금의 내가 있다.

오다기리 씨에게 배운 소중한 사실 중 하나는 바로 '리더는 몸을 사리지 말아야 한다'는 것이다. 오다기리 씨로부터 일본 내 PVC 사업 재건을 임명받았을 때 나는 이 점을 강렬하게 느꼈다.

1980년 즈음, 제2차 오일쇼크 여파로 일본 내 PVC 사업은 심각한 상황에 빠져 있었다. 당시 나는 해외 PVC 사업을 담당하고 있었고, 그 쪽에서는 이익을 내고 있었다. 반면 일본 내 PVC 사업은 비참한 상황이어서 연간 40억 엔 이상의 적자를 내고 있었다. 나는 기존 해외사업과 함께 일본 내 PVC 사업본부장도 겸임하게 되었다.

재건까지 최소 3년은 걸릴 것으로 예상했지만, 오다기리 씨는 "그러면 회사가 감당할 수 없으니 2년 내로 부탁합니다"라고 지시했다. 솔직히 말하면 자신이 없었지만 오다기리 씨가 말씀한 이상 해야 한다고 결심했다.

먼저 착수한 것은 제조비용의 인하였다. 일본 내 PVC 사업을 고전하게 만든 첫 번째 원인은 바로 제조비용이 높다는 것이었다. 원재료가 비싼 것이 최대 문제점이었다. 당시 신에츠화학은 계약에 따라 일본 내 기업집단으로부터 세계에서 가장 비싼 염소(PVC의 주원료 중 하나-옮긴이)를 구입하고 있었다. 계약상 염소를 인수해야 할 의무를 지고 있던 탓에 제조비용이 높아지는 것을 피할 수 없었다.

실제로 이전부터 사내에서는 이 계약을 수정해야 한다는 논의가 있었다. 하지만 관습과 속박으로 인해 현실적으로는 수정할 수 없는 상황이었다. 나는 이 계약을 보완하지 않는다면 근본적인 사업체질 개선이 불가능하다고 판단했다.

만약 이 계약이 존속한다면 일본 내 PVC 사업을 폐쇄하는 사태로도 이어질 수 있었다. 이러한 위기감에서 계약사인 기업집단 관련 회사의 간부와 만나 면담을 몇 차례 진행했다.

하지만 이러한 논의로는 상대방도 좀처럼 동의해주지 않았다. 어쩔 수 없이 나는 노선을 바꿔 강경 수단으로 대처하기로 했다. 구체적으로는 계약 개정안을 상대에게 송부해 "받아들이지 않을 경우 염소 인수를 백지화한다", "소송도 불사한다"는 강경한 태도를 표명했다.

이렇게 해서 겨우 양사가 동의에 이르게 됐고, 원재료 비용 인하를 실현하게 되었다. 여기에다 운임 합리화와 수입 원료의 도입, 업무 방식의 효율화 등도 추진했다. 최종적으로는 제조비용을 절반으로 줄였다. 그 외에도 물류를 수정하고 전략적 가치가 없는 공장을 폐쇄하는 등의 작업을 했다.

어쨌든 많은 안건이 굴레로 얽혀 있었고 저항세력의 반발도 강했다. 특히 공장 폐쇄의 경우, 커다란 저항과 반발이 있었지만 그럼에도 나는 공장 폐쇄를 단행했다. 결과적으로 단 한 명의 해고자도 없이 공장 폐쇄를 실현했다.

이와 같은 개혁의 결과, 일본 내 PVC 사업을 맡은 지 1년 반 만에 적자를 해소할 수 있었다. 예상 이상의 속도로 사업 재건을 달성했다. 또한 3년째에는 30억 엔이 넘는 이익을 낼 수 있었다.

내가 PVC 사업을 재건할 수 있었던 것은 오다기리 씨가 몸을 던져 방패가 되어 주었기에 가능했다. 동시에 나 자신 또한 언제든지 사직한다는 각오로 업무에 임했다. 리더가 필사의 각오로 전력을 다하지 않는다면 개혁 실행은 불가능하다.

이와 함께 PVC 사업 재건의 또 다른 주역 두 사람도 언급하고 싶다. 제조공정의 개선에는 나중에 회사 부사장까지 오른 고야나기 준이치 씨가 큰 공헌을 했다. 경비 삭감과 관련해선 후에 당사의 임원으로 근무한 수다 테쓰오 씨가 헌신적인 역할을 했다. 회사에 헌신한 그들의 노고에 지금도 크게 감사하고 있다.

37
100가지 말보다는 한 가지 실적이 중요하다

경영자는 부하의 제안을 어떻게 판단해야 할까? 그러한 것을 나는 오다기리 신타로 씨에게 배웠다.

1975년 신에츠화학이 미국에서 사업을 추진했던 합자 회사 신텍을 완전 자회사화하자는 논의가 있었을 당시의 이야기이다.

1장에서 언급한 대로 신텍은 '로빈텍'이라는 미국 회사와 각각 50%씩 출자해 만들었다. 하지만 경영이 악화된 로빈텍이 보유하고 있던 신텍의 주식 전부를 신에츠화학이 인수해주었으면 한다는 요청을 해왔다. 이 요청을 받은 나는 "반드시 매수해야 한다"고 사내에서 주장했다.

그러나 매수를 위해서는 당장 28억 엔의 자금이 필요했다. 당시 신에츠화학의 순이익이 6억 엔에 불과했으니 상당한 리스크가 있었던 셈이다. 때문에 사내에서는 많은 이견이 제기됐다. 그중에는 "가나가와에게 전부를 맡길 수 없다"라는 목소리도 있었다. 이러한 와중에 오다기리 씨는 나의 제안을 지지해주었다. 반론에도 귀를 기울이면서 최종적으로는 신택사의 주식 매입을 결정했다.

부하의 제안이 과연 성공할지의 여부는 그 누구도 알 수 없다. 그리고 대표는 그 제안을 어떻게 할지 결단 내려야 한다. 그렇다면 무엇을 판단 재료로 해야 하는가?

오다기리 씨는 제안자의 실적을 보고 판단을 내렸다. 실적이 없는 사람의 제안은 어떠한 미사여구를 나열해도 전혀 설득력이 없다. 실현 가능성을 담보하는 것은 '100가지 말보다는 하나의 실적'이다. '실적이 전부'라고 말해도 좋다.

오다기리 씨의 신택 주식 매수 결단은 나의 실적을 보고 판단해준 것이라고 생각한다. 그때까지 나는 해외사업에서 좋은 실적을 쌓아왔다. 오다기리 씨는 나의 실적을 명확하게 평가해 사운을 걸었던 것이다.

38
미국의 기준이 곧 세계의 기준은 아니다

해외 자회사의 경영을 어떻게 수행해갈지는 늘 어려운 문제이다. 일본 스타일의 경영을 그대로 관철하는 방법이 좋을지, 아니면 현지 인에게 경영을 위탁하여 그 나라 방식에 따르는 것이 좋을지 많은 일 본인 경영자들이 고민하고 있는 부분이다.

1976년 오다기리 신타로 사장으로부터 신텍의 경영을 명받을 당 시, 나는 고민에 휩싸였다. 미국에서의 기업 경영이 처음이고, 미국에 대해서 정말로 아무것도 모르는 상태였기 때문이다.

사업 초기 나는 신텍의 회장이 되고, 사장은 헤드헌터로부터 소개 받은 미국인을 취임시켜 그에게 경영을 맡기기로 했다. 미국인 사장 은 인상이 좋고 프레젠테이션 능력이 탁월한 사람으로, 인사 담당 임 원을 위시하여 관계자 전원이 좋은 인상을 갖고 있었다.

하지만 미국인 사장의 경영은 제대로 진행되지 않았다. 그의 잘못된 영업 전략이 문제였다.

미국인 사장은 신텍에 오기 전에 기능성 화학제품의 영업을 담당하고 있었다. 광범위한 분야에 걸친 제품이었기 때문에 고객사가 많았다. 당연히 영업사원이 많이 필요했다. 그렇지만 신텍이 취급했던 제품은 범용품인 PVC이다. 영업은 소매가 아니라 도매원청이기 때문에 고객 수가 한정돼 영업사원의 수가 그렇게 많이 필요하지 않았다. 나의 판단으로 볼 때 영업사원은 2명이면 충분했다.

그러나 미국인 사장은 "영업사원 40명이 필요하다"고 주장했다. 기능성 화학제품의 영업을 해온 경험으로 영업사원이 그 정도는 필요하다고 판단했던 것이다.

그의 주장은 합리적이라기보다는 선입관에 따른 것이다. 취급 제품이 기능성 화학제품이 아니라 PVC임에도 불구하고, 과거의 경험과 선입관에 얽매여 영업 전략의 오류를 범한 것이다. 결국 그가 이 사업을 경영할 역량이 부족하다는 사실이 명확해졌다.

만약 취급 제품이 PVC가 아니라 실리콘 수지였다면 그의 주장이 결코 틀리진 않았을 것이다. 신텍의 모회사인 신에츠화학은 실리콘 수지도 취급하고 있다. 실리콘 수지의 고객은 매우 폭넓은 분야에 걸쳐 있기 때문에 많은 수의 영업사원이 필요하다. 그렇지만 신텍이 취급하는 제품은 어디까지나 PVC이다. 범용성을 가지고 있는 PVC는 기능면에서 차별화를 꾀하기가 어렵기 때문에 이익을 높이기 위해서는 어떻게 비용을 줄일까 하는 점에 주력해야 한다.

따라서 나는 PVC 영업사원은 2명이면 충분하다고 생각했던 것이다. 미국인 사장이 말하는 것처럼 40명의 영업사원을 배치한다면 비용이 과다하게 높아져 경영이 성립할 수 없다.

그렇다고 미국인 사장이 신텍의 사업 내용을 전혀 파악하지 못했던 것은 아니었다. 공장도 몇 번씩 방문했고, PVC 제품에 대해선 이해하고 있었다. 그런데도 여전히 영업 전략의 차이를 알아차리지 못했다.

문제는 그의 부주의라기보다는 경영의 본질에 있다고 말할 수 있다. 결국 미국인 사장이 부적임자임을 알아차린 나는 계약 기간이 2년이었음에도 불구하고, 위약금을 지불하고 1년 만에 퇴사하도록 했다. 그 후에는 내가 사장이 되어 진두지휘를 하게 됐다.

이런 경험을 토대로, 해외시장이라고 해도 경영은 타인에게 맡기지 않고 나 자신의 경영 방침을 관철하도록 하고 있다. 미국의 기준을 곧 세계의 기준이라고 생각해 "미국에서는 이런 방식으로 하고 있다"고 주장하는 미국인이 있다고 해도 "당신의 나라는 세계에서 보

면 로컬local이다. 세계적으로 보면 이렇게 해야만 한다"라고 반론한
다. 주장이 합리적이라면 보스인 일본인의 지시에도 충실히 따를 수
있을 것이다.

39

성실하고 신뢰받는 인품을 가진 인물이 경영자가 돼야 한다

경영자에게 필요한 자질은 무엇일까? 지금까지의 경험을 근거로 판단력, 선견력, 결단력, 집행능력, 성실성과 따뜻함, 이렇게 5가지 자질이 필요하다고 보고 있다.

먼저 판단력은 현상을 정확하게 판단하는 힘이다. 자신의 회사 경영 상황을 정확하게 판단하는 것은 매우 중요하다. 시황이 어느 정도 좋은지, 나쁜지 혹은 필요 이상으로 과열돼 있지 않은지에 대한 상황 판단력은 경영자에게 없어서는 안 될 부분이다.

다음으로는 앞을 내다보는 선견력이다. 이것은 미래 예측보다는 리스크 매니지먼트라고 말하는 것이 좋을지도 모른다. 현재의 붐이 끝날 경우 시장 상황은 어떻게 펼쳐질지 또는 천재지변의 리스크를 가정해 그 영향을 예측할 필요성도 있다.

결단력은 호황을 연장해가기도 하고, 역경을 변하게도 하는 힘이다. 현재 상황을 정확하게 판단해 미래 상황을 예측하는 것이 가능하다면 '다음으로는 무엇을 해야 할까'라는 결단이 남는다.

그런데 만일 여기에서 결단을 내리는 것이 불가능하다면 판단력과 선견력 같은 보물을 갖고도 썩히는 꼴이 되어버린다. 이때 판단력과 선견력을 구체적이고 적절하게 이어지도록 하기 위해선 집행능력이 필요하다. 만약 집행능력이 부족하다면 그 어떤 멋진 결단도 탁상공론으로 끝나버릴 수 있다.

위의 4가지 자질은 어느 정도 선천적인 부분이 크다. 특히 판단력과 선견력은 선천적인 요소가 강하고, 공부를 한다고 해서 간단히 얻어질 수 있는 것이 아니다. 이들은 경영의 실무적인 면에서 필수 불가결한 요소이다.

그런데 경영자가 이러한 실무능력을 갖췄다고 해서 충분하지는 않다. 성실하고, 사람들로부터 신뢰받는 인격이 없다면 언제든지 파국을 맞을 가능성이 있다. 혹독한 경영을 하고 있다 해도 가슴 깊은 곳에는 따뜻함을 갖고 있어야 한다. 이러한 5가지의 자질을 모두 보유한 경영자만이 사람을 움직일 수 있다.

40
중요한 의사결정을 할 경우 핵심 멤버의 의견을 반드시 참고하라

나는 경영에서 스피드를 중시한다. 예를 들어, 안건의 좋고 나쁨에 대한 결론을 30초 만에 내는 등 판단에 그리 긴 시간을 쓰지 않는다.

경영자에게 있어 의사결정의 스피드는 중요하다. 올라오는 안건 가운데 80~90%는 미루지 않고 즉시 결재한다. 나머지 10~20%의 안건도 사내외 전문가의 의견을 들을 필요가 있기 때문에 일단 보류하는 정도이다. 보류의 경우에도 어느 전문가에게 언제 상담할지를 바로 결정해둔다. 2~3주까지 연장하는 일은 결코 없다.

의사결정의 속도도 중요하지만 의사의 전달과 실행도 신속해야 한다. 비효과적인 조직 라인에 의존하지 않고, 업무의 핵심 멤버에게 바로 지시하도록 하고 있다. 따라서 의사결정이 현장에 전달되는 시간도 매우 짧다. 서류의 체크도 시간이 걸리지 않도록 한다. 하나하나의 서류를 보는 시간은 길어도 1분 이내이다.

품의서의 경우 전체를 보고 90% 이상 그 자리에서 결재한다. 하지만 좀 이상하다고 느끼는 서류에 대해선 바로 담당자를 불러서 상세한 설명을 듣는다. 요령 없이 장문으로 이어지는 보고서에 대해선 직접 구두로 설명하도록 하고 있다.

특히 중요한 의사결정을 할 경우 담당 임원이 아닌 핵심 멤버의 의견을 직접 듣는 게 중요하다. 경영자라고 해서 알고 있는 척하거나 체면을 생각하지 않는다. 핵심 멤버에게 여러 가지 질문을 통해 얻은 답변을 경영 판단 자료로 활용하고 있다. 본질을 파악하기 위해서는 솔직한 의견에 귀를 기울이는 것이 필요하다.

스피드는 업무의 성패를 결정하는 커다란 요인의 하나이다. 먼저 경영자 자신부터 안건의 처리 속도를 높여야 한다.

41
전임자의 '좋은 경영'을 계승한 뒤 자신이 생각한 정책을 쌓아간다

나는 고사카 유타로 사장의 갑작스런 사망으로, 1990년 사장에 취임했다. 전임 고사카 사장, 그 전임인 오다기리 신타로 사장에게 경영을 인계받게 됐다.

후계자는 무의식중에 전임자의 실적을 의식하게 된다. 또 주위에서도 전임자와 비교하기도 한다. 특히 경영자에게는 전임자의 존재감이 크다. 단지 실패나 성과를 비교당하는 것뿐만 아니라 경영 수법이나 스타일까지 세세하게 비교된다.

새로운 사장으로서 '어떠한 방침을 수립해 나아가야 할지' 혹은 '자신의 방법이 과연 옳은지'에 대해 고민하는 후계자가 적지 않다. 하지만 나는 이런저런 생각과 고민을 접어두고 경영에 몰두하기로 했다. 내가 실천한 '후계자의 마음가짐'은 매우 간결했다. 지금까지 경영의 좋은 점은 전부 인계받는다는 것이다. 예를 들면, 오다기리 씨로부터 이어져온 방침 중 하나는 '리스크가 있는 자산 운영은 절대 하지 않는다'이다.

1980년대 후반 일본은 거품경기의 한복판에 있었지만 당사는 오다기리 씨의 방침에 따라 원금이 보증되지 않는 금융상품에 대한 투자, 다시 말해 재테크를 전혀 하지 않았다. 그 후 거품경제가 붕괴됐지만 이런 방침 덕분에 우리 회사는 경영상의 어려움을 겪지 않았다. 나도 그 방침을 지켜 리스크가 있는 금융상품 등에 절대로 손대지 않고 있다. 이처럼 좋은 것은 절대로 바꾸지 않는다. 기존 체제 위에 내 자신이 생각한 정책을 하나하나 쌓아왔다.

요즘처럼 경영 환경이 급격히 변하고 있는 시대에는 업무 방식을 늘 보완하는 자세가 필요하다. 회사의 관례라고 해서 아무것도 의심하지 않고 전부를 답습하는 것은 좋지 않다. 시대의 변화에 따라 불필요한 업무를 폐지하는 결단도 가끔은 내려야 한다.

지금까지 이어져왔던 일을 중단하는 데는 큰 결단이 필요하다. 중요한 것은 편견 없이 공정한 눈으로 보고, 사장으로서 책임을 지고 판단 및 실행해가는 것이다. 경영자는 일 자체의 본질을 중요하게 보고 판단해야 한다.

42
진정으로 이익을 내고 싶다면 고객과 함께 성장해야 한다

기업 간 경쟁은 분명히 전쟁이다. 기업이 전쟁에서 승리하기 위해선 전투력과 판단력이 필요하다. 다만 나 자신은 기본적으로 약점을 하나 갖고 있다. 누군가가 곤란한 상황에 놓여있다면, 가능한 한 도움을 주려고 생각하면서 회사 경영을 하고 있는 것이다. 일본인은 대체적으로 마음이 여린 편이다.

그러나 여기에서 주의할 필요가 있는 것은 '나약하고 따뜻한 사람'이라는 것을 업무상의 변명으로 삼아서는 안 된다는 것이다. 만약 '나는 나약하고 다정한 부분이 있기 때문에 승부에서 좀처럼 이기지 못해'라며 승패를 회피해버린다면 그것은 커다란 착각이다. 사람으로서 따뜻한 면모를 가지고 있다 해도 경영자로서는 어디까지나 승리에 집착해 싸워야 한다.

이 싸움에서 내가 주의하고 있는 것은 정정당당하게 싸우는 것이다. 다시 말해, 정면으로 상대를 대하고 결코 비겁한 행동을 하지 않는다.

지금까지 나는 정말로 정정당당하게 싸워왔다. 등 뒤에서 경쟁 상대를 치는 것과 같은 흉내를 내본 적도 없다. 또한 상대를 쓰러뜨렸다 해도 쫓아가는 일은 하지 않았다.

확실히 철저하게 상대를 재기 불가능하도록 만든다면 완전히 이득을 볼 수 있을지도 모른다. 그러나 그렇게까지 극단적인 방식을 택하게 되면 사람이 떨어져나가기 때문에 결국 자기 손해다.

진정으로 이익을 얻고자 한다면 고객사와 함께 사업을 확장해야 한다. 특히 고객이 곤란한 시기에 기회를 틈타는 일만은 하지 말아야 한다. 예를 들어, 신에츠화학의 미국 자회사인 신텍은 고객이 어려울 때 과감하게 지원을 해주었다. 그 덕에 "우리는 신텍 이외에는 절대 쳐다보지도 않아요"라고 말하는 고객들까지 생겼다. 사람을 살렸기 때문에 나 자신도 살 수 있는 것이다.

PART 3

리스크와
성장

43
몸으로 체득한 것은 수십 년이 지나도 잊히지 않는다

대학을 졸업한 뒤 극동물산(현 미쓰이물산)에 취직했다. 취업할 당시 회사 선택에는 매우 무책임했다. 학내 게시판에 구인 광고가 쫙 붙어 있었다. 이것들을 친구들과 살펴보면서 "어디를 갈까, 산에 계신 지장보살님에게 물어보니 여기!"라며 장난식으로 차례차례 손가락을 가리켰다.

그래서 결정한 '여기'가 바로 극동물산이었다. 극동물산에서 처음으로 배속된 곳은 총무부였다. 총무부에서 여러 가지 사무 업무를 맡았는데 그중에는 외국과의 통신 업무도 있었다. 지금 생각하면 이것이 후일 해외 비즈니스를 하게 되는 이력의 처음이었을지도 모른다.

당시는 팩스도 텔렉스도 없어 '코드'라고 하는 암호를 사용했다. 정보 누출을 방지하고, 통신 내용을 줄여서 통신비용을 절감하는 게 목적이었다. 예를 들어, "Thank you for your order(주문해주셔서 감사합니다)"라는 관용 표현은 암호표와 대조해 다섯 문자의 알파벳으로 표현한다. 이러한 작업을 반복해 엄청난 수고를 들여 해외 통신을 했다.

상사운은 매우 좋은 편이었다. 내가 모시던 과장은 온후한 사람으로 부하 직원을 잘 돌봐주었다. 우리들을 집으로 초대해 대접해주기도 했다. 깊이 생각하지도 않고 선택해 들어간 회사였지만, 사회인으로서의 출발과 동시에 훌륭한 상사와 만나게 된 것은 정말 행운이었다.

이렇게 총무부에서 회사원으로서 ABC를 배웠고, 그 후 관리부에 배속됐다. 관리부에서의 주된 업무는 회수 불능 채권을 거래처로부터 회수하는 것이었다. 나는 변호사와 함께 전국을 돌아다니며 압류와 파산 신청 업무를 수행했다. 어느 때에는 파키스탄에서의 수입품과 관련된 재산을 차압했다. 파키스탄에서 수입한 삼베의 중량을 늘리려고 돌을 함께 넣었다. 이것은 엄연한 계약 위반으로 도쿄지방법원을 통해 가압류했다.

도쿄 메구로 소재 미국인 책임자가 있는 곳으로 갔을 때였다. 함께 갔던 집행관은 상대가 미국인인 것을 보고 머리를 조아렸다. 나는 변호사의 그림자에 숨으려고 하는 집행관의 등을 떠밀었다. 변호사와 집행관은 미국인 책임자의 재산을 차례차례 압류했다. 그중에는 커다란 냉장고 등 가재도구가 포함되어 있었다. 당시 냉장고는 보통의 일본인이 만질 수 없는 고가품이었다.

더구나 당시 미국인 책임자 본인은 없었기 때문에 부인이 나와 응대했다. 이러저러한 이의를 제기하는 그녀를 제지하고 법률에 근거해 집행을 진행했다. 그녀는 "뭐 이런 야만인 나라가 다 있어! 이 무슨 야만인 같은 법률이냐"라고 욕을 퍼부으며 떠들었다.

패전 후 얼마 되지 않은 당시 미국인은 많은 일본인에게 위협적인 존재였다. 이 부인의 절규하는 모습에 한순간 질려버린 기억이 있다.

그래도 '법률'이라는 힘을 배경으로 우리들은 미국인의 재산을 압류했다. 그때의 경험을 계기로 나는 법률이나 계약의 중요성을 확실하게 인식할 수 있었다.

부끄러운 이야기이지만 도쿄대학 법학부 재학 당시 육법전서를 거의 읽지 않았다. 하지만 관리부에서의 업무를 통해 실제 법률을 배우게 됐다. 머리가 아니라 몸으로 배운 것은 몇십 년이 지나도 결코 잊어버릴 수 없는 것이다.

사실을 말하자면, 관리부에 배속된 당시 '상사商社의 꽃은 영업인데 채권 회수라는 재미없는 일을 하는 떨거지가 되다니'라고 생각하며 약간의 불만이 있었다. 하지만 당시 관리부 부장은 "네가 해를 거듭해 40대, 50대가 된다면 이 일이 얼마나 대단한 것인지 알게 될 것"

이라고 말했다. 그 후 관리부에서 실제로 얻은 경험을 되돌아봤을 때, 진정으로 부장님 말씀대로였다.

대금을 지불하지 않는 거래처의 강제 집행이나 파산 신청 등에 관한 일을 하는 동안 회사 경영을 이면에서 볼 수 있었다.

회사가 파산하면 경영자는 어떻게 될까? 어떤 운명을 걸어가게 될까? 이론이 아닌 현실 체험으로 알게 된 것은 커다란 재산이 되었다.

이후 나는 상사 근무를 12년 동안 한 뒤 신에츠화학으로 전직했다. 경영자가 된 후 극동물산의 관리부에서 배운 경험은 지금도 내 몸속에 살아 있다.

44
사업을 추진할 때 국가 리스크는 반드시 피해야 한다

1967년 중미 니카라과에 PVC 합작회사를 설립했을 때 일이다. 신에츠화학이 33.75%를 출자, '폴리카사'라는 합작회사를 만들어 1970년부터 공장을 가동했다. 당시 니카라과는 독재정권 아래 있었지만, 합작회사에는 정부계 금융기관도 출자해 정권 쪽과 우호적인 관계를 맺고 있었다. 사업도 순조롭게 진행돼 폴리카사는 중미에서 최고 수준의 고수익 기업이 되었다.

그러나 사업을 시작하고 10년쯤 지난 1979년, 니카라과에서 혁명이 발발했다. 독재정치를 했던 소모사 대통령이 망명하고 정권은 하룻밤 사이에 뒤바뀌었다.

나는 바로 현지 주재원을 귀환시켰다. 다행히 신에츠화학에서는 부상자가 한 명도 발생하지 않았다.

그 후 혁명정권이 조업 재개를 요청해왔으나 정국이 불안정한 나라에 사원을 파견할 수 없어 그들의 요청에 응하지 않았다. 결국 혁명정권은 조업 재개를 포기하고 그 장소에서 다른 제품을 생산하기 시작했다.

신에츠화학은 니카라과의 PVC 공장을 잃어버렸다. 하지만 전체적으로 보면 실제로 손실을 보지는 않았다. 그때까지의 기술 지도료나 플랜트 수출, 배당 등이 들어왔기 때문에 투자액의 3~4배는 이미 회수했던 것이다.

그렇다 해도 커다란 학습비를 지불한 것은 사실이다. 10년 이상의 기간 동안 니카라과에서 우량 기업을 육성해왔지만 이것을 순식간에 날려버렸기 때문이다.

혁명이 일어나기 전의 니카라과는 외국인 입장에서 보았을 때 괜찮은 나라로 보였다. 환율이나 경제제도도 안정적이었고, 매년 풍년이었다. 그러나 독재체제 아래의 국민들은 외국인에게 알 수 없는 불만을 품고 있었을 것이다. 니카라과에서의 경험은 사업을 추진할 때는 국가 리스크를 반드시 피해야 한다는 사실을 알려줬다.

45
재고는 없애고 부채는 줄인다

　나는 '재고'와 '부채'를 싫어해 철저하게 관리하고 있다. 회사 경영에서 재고를 없애고, 부채를 줄이기 위해 늘 유념하고 있다. 이것에 집중하면서 경영자로서의 인생을 보냈다.

　재고와 부채가 싫다는 내 신념의 원점은 젊었을 때 생겨났는지도 모르겠다. 앞에서도 말했듯이 나는 신에츠화학에 입사하기 전, 대졸 신입사원으로 종합상사 관리부에 근무하면서 불량채권 회수를 담당한 경험이 있다. 불량채권 회수 업무를 하면서 재고나 차입금이 회사를 망친다는 사실을 눈앞에서 보게 됐다. 이러한 경험에서 재고와 부채가 좋지 않다는 신념을 갖게 됐다.

　이후 신에츠화학에 들어와 업무를 하면서 '재고는 없애고, 부채는 줄인다'는 신념 아래 여러 가지 경영 개혁을 단행했다. 예를 들어,

1980년대 초 당시 전무였던 나는 오다기리 신타로 사장에게 신에츠화학의 일본 내 PVC 사업 재건을 위임받았다. 당시는 일본 내 PVC 사업 부문의 적자가 이어져 신에츠화학 전체 경영도 위기에 봉착했다.

나는 비용 절감과 공장 재편 등의 재건책을 차례차례로 실시하고, 재고 절감에도 힘을 쏟았다. 당시는 공장에서 출하한 제품을 창고에 쌓아두었는데 이것이 커다란 낭비였다. 따라서 "어쨌든 재고를 제로로 하라"고 강력하게 주문했다.

신에츠화학의 자회사인 신텍은 설립 초기부터 낭비가 없는 합리적인 경영에 전념해왔던 회사이다. 원래 PVC는 부피가 매우 큰 제품이다. 완성된 PVC의 가루를 보관하는 사일로(격납용 창고-옮긴이)도 있지만 그곳에 저장하는 데는 한계가 있다. 때문에 만약 사일로에 보관하는 것이 불가능할 경우 대규모 창고를 준비하고, 고비용을 들여 PVC 가루를 보관해야 했다.

재고를 싫어한 나는 완성된 PVC 가루를 철도의 화차에 실어 계속해서 출하하도록 했다. 화차 1대당 PVC 가루를 대략 80t 실을 수 있다. 이 PVC 가루를 실은 화차를 차례로 출하해서 재고가 쌓이지 않도록 팔아치우는 것이다.

물론 판매 상황이 좋지 않으면 출하용 화차도 정체한다. 경기가 더 나빠지면 PVC 가루로 가득 찬 화차들만 있어 새로운 PVC 가루를 실어야 하는 화차가 모자라게 된다. 화차에 실을 수 없다고 PVC 가루를 야적할 수는 없었다.

바꿔 말하면 이러한 사태가 되지 않도록 오기로라도 PVC를 파는 것이 신텍 스타일의 경영이라고 할 수 있다. 재고는 신텍의 경영에 있어 '있어서는 안 될 물건'이기에 만든 것은 모두 판다. 이처럼 '재고는 없앤다'는 신념에 따라 강력한 판매체제를 구축한 덕분에 매출을 증대시키는 결과로 이어졌다.

다음 '부채가 싫다'는 것에 대해 말해보겠다. 내가 차입금을 가능한 한 피하려고 하는 이유는, 차입을 하면 무엇인가 새로운 투자를 하려고 할 때마다 금융기관에 가지 않으면 안 되기 때문이다.

설립 당시는 합작회사였던 신텍을 완전 자회사로 만든 뒤 자금이 필요하게 됐다. 이때 일본의 금융기관은 전부 모회사인 신에츠화학의 보증을 조건으로 했지만 미국의 텍사스 카머스은행만은 모회사 보증 없이 융자해주었다.

당시 오다기리 사장과 내 이야기를 듣던 CEO 벤 러브Ben Love 씨는 오다기리 씨를 물끄러미 바라보더니 "오다기리 씨가 사장이기 때문에 신에츠화학의 보증 없이 빌려준다"라며 융자를 결정했다. 벤 러브 씨는 "누가 경영을 하고, 어떻게 사업을 추진해갈까를 봤다"고 말했다.

오다기리 씨와 나를 신뢰해준 벤 러브 씨에게 지금도 감사하고 있다. 벤 러브 씨의 부하로 융자 실무를 담당했던 멜빈 페인 씨와의 교류는 지금까지 이어지고 있다.

신에츠화학이 취급하고 있는 제품은 시황의 움직임에 따라 투자가 필요한 부분이 많다. 이때 바로 움직일 수 있는 자기자본을 사용해 신속하게 설비투자를 실행하는 것이 사업 성공으로 이어진다. 나는 그렇게 생각하고 실천했다.

46
유행에 따르지 않고 본업에 집중한다

나는 경영자로서 호황이나 붐을 지속적으로 관찰해왔다. 일본 경제가 거품으로 들떠있던 1980년대 후반, CI Corporate Identity라는 말이 유행하였다. CI는 기업 이미지를 통합하는 작업으로, 신에츠화학에서도 1988년부터 이 CI를 실시하게 되었다.

당시 부사장이었던 나는 CI 및 그 배경이 되는 거품경기의 위험성을 느꼈기 때문에 CI 활동을 반대했지만 기각되었다. 결국 총 40억 엔을 들여 CI 활동이 전개되었다. 오토바이 레이싱팀과 일기예보 방송을 후원하는 등의 활동을 했다. 하지만 이 CI 활동은 원하는 만큼의 성과를 내진 못했다.

물론 기업 이미지의 통일이나 향상은 중요한 것이지만, 메이커로서 경영자원을 나누어야 할 다른 곳이 얼마든지 있다. CI에 사용한 40억 엔이라는 돈이 있다면, 예를 들어 연구용 시설을 두 곳이나 새롭게 짓는 것까지 가능했다.

따라서 내가 사장으로 취임했을 때부터는 CI와 같은 것에 많은 자금을 사용하는 것을 일절하지 않았다. 대신 연구개발이나 설비투자 등에 경영자원을 집중했다.

본업은 이익을 올릴 수 있는 호기를 놓치지 않는 것이 중요하다. 본업은 지식과 경험을 갖추고 있기 때문에 시류에 휘둘리지 않고 집중하고 충실하면 된다. 다시 말하면, 본업 이외의 재테크나 CI와 같은 일에 손을 댈 필요가 없다는 것이다.

경영에는 '자기의 길'이라는 것이 있다. 본업에 집중하고 있다면 실적이 올라가고, 이것을 미디어가 취재하여 세상이 주목한다. 일부러 CI와 같은 일을 하지 않아도 회사의 지명도는 올라갈 수 있다.

47
전통 산업에도 '화수분'이 있다

신에츠화학의 주요 사업 부문은 PVC와 반도체용 실리콘 웨이퍼이다. 이 두 가지 사업에 거액의 투자를 지속해왔다. 일부 이러한 경영 방침에 대해 의문을 갖는 경우가 있다. 모 신문기자로부터 "PVC는 성숙 산업이기 때문에 더 이상 큰 이익이 기대되지 않습니다. PVC 제품 투자를 줄이고, 그 금액만큼을 다른 성장산업인 반도체 실리콘으로 돌리면 이익이 증가하지 않겠습니까"라는 말을 듣기도 했다.

사업 포트폴리오에 관한 유행 방식에 따르면 전통 산업에서 철수하고 대신 성장성이 높은 새로운 성장 동력에 집중하는 것이 최선이라고 얘기할 수 있다. PVC 같은 사업은 전통 산업이기 때문에 '싸움에서 진 개'처럼 보일 뿐이라는 것이다.

그러나 이것은 전형적인 보통 사람들의 발상이다. 성장 산업과 인기 분야에 과도하게 집중투자하면 경영의 안정성이 떨어지게 된다. IT나 바이오테크놀로지, 생명과학 등 인기 산업에 과도하게 역량을 집중해 경영이 파탄난 예는 적지 않다.

나는 신에츠화학이 수행하고 있는 모든 사업을 '화수분'이라고 생각하고 있다. 낡은 것과 새로운 것에 구애받지 않고 사업을 객관적으로 평가하는 것이 중요하다. 정확하게 숫자에 기초해 실적을 보면 그 사업의 가치가 보인다. 사업으로서 수명이 다했다고 판단되면 그때 철수하면 된다. 단지 사업의 추진 방식이 나빴다고 할 경우에는 그 추진 방식을 수정하면 된다.

실적을 정확하게 분석하면 전통 산업에서도 '화수분'을 찾을 수 있다. 덕분에 신에츠화학은 증권 애널리스트들로부터 "신사업과 구사업을 잘 조합해 고수익 구조를 실현하고 있다"라는 평가를 받고 있다.

사업의 신구 여부로 투자 판단을 하는 것은 바보 같은 짓이다. 선입관을 갖지 않고 사업의 과거와 현재를 정확히 분석해 미래를 예측함으로써 투자 판단을 내리는 것이 경영자의 업무이다.

48
경영자를 질책할 수 있는 사람은 오직 자신뿐이다

경영자가 아무리 자신에게 주의를 기울인다 해도 무의식중에 현상에 만족해버리게 된다. 나 자신도 가끔씩은 현상에 만족하는 기분이 들어 '개혁에 불충분한 면이 있지는 않을까'라고 스스로를 일깨웠던 경험이 있다.

2003년 9월의 일이다. 회사투자 설명회를 개최했는데, 어느 기관 투자가로부터 다음과 같은 지적을 받았다. "신에츠화학의 영업이익 증가율이 3기 연속 한 자리에 머물러 있네요. 고성장이 이제 끝난 것은 아닌지요?"

이 지적은 나에게 엄청난 충격이었다. 언론에서는 "성장신화 종료"라고까지 표현했다. 나는 상당한 굴욕과 모욕감을 느꼈다.

지금까지 나는 '늘 전쟁터에 있다'라는 마음을 갖고 전력을 다해 경영에 임해 왔다고 자신했다. 너무나 억울하고 속상해 '성장신화 종료'라고 하는 지적이 과연 타당한 것인지 아닌지에 대해 경영 내용을 검토했다. 그러자 몇 곳의 사업에서 개선의 여지가 필요하다는 것을 알게 되었다. 나 자신도 알지 못하는 사이에 매너리즘에 빠져 해야 할 개선을 간과한 것이다.

성장을 위해 개선을 실행해야 한다는 사실을 알아차린 나는 바로 전사적으로 신텍의 경영 수법을 신에츠화학에 침투시키기로 했다. 신텍에서 실시했던 경영 수법은 내 경영 전략의 출발점이기도 하다. 나는 출발점으로 되돌아간 경영 전략을 전 사업부서에 철저하게 이행하도록 했다. 신텍의 경영 전략은 소수 정예로 극한까지 효율화하는 것이다.

내가 진두지휘해서 신텍의 방식을 신에츠화학의 전 사업에 침투시킨 결과, 2004회계연도 중간결산 때 두 자리 숫자의 이익 증가를 달성했다. 그 이후 2007년까지 4년 연속 두 자리 숫자의 성장을 달성할 수 있었다.

경영자는 자신이 현상에 만족하고 있진 않은지를 늘 주의해야 한다. 주위에서 질타해주는 존재가 없기 때문에 경영자는 매너리즘에 빠지기 쉽다. 그런 경영자를 질책할 수 있는 사람은 오직 자신뿐이다.

49
늘 최악의 상황을 생각하고 준비하라

경영자에게는 여러 차례 계속해서 위기가 다가온다. 한 가지 위기를 넘겼다고 해서 그것으로 안심해서는 안 된다. 다음번에 위기가 올 것을 가정해 대처할 필요가 있다. 이러한 생각으로 나는 늘 리스크 매니지먼트를 실행하고 있다. 언제 위기가 올지 아무도 알 수 없기 때문이다.

2008년에 있었던 리먼사태(글로벌 금융 위기-옮긴이) 당시 나의 리스크 매니지먼트가 효과를 발휘했다. 그때까지 신에츠화학은 13기 연속해서 최고 이익을 경신하는 호황기였지만 결코 들뜨지 않고 위기에 대비했다.

연속 최고 이익 경신은 멈췄지만 이러한 대책이 주효해 리먼사태 후에도 한 번도 적자 전환 없이 1천억 엔이 넘는 이익을 계속 낼 수 있었다. 평상시 미리 위기를 준비해왔던 것이 리먼사태의 영향을 최소한으로 유지할 수 있게 해주었다.

리먼사태 후 불황으로부터 일본 경제가 회복하기 시작한 2011년에 동일본대지진이 발생했다. 지진의 여파로 신에츠화학도 이바라키현의 가시마공장, 후쿠시마현의 시라가와공장(자회사인 신에츠반도체의 주력 공장-옮긴이)이 조업을 중지했다. 불과 몇 년 사이에 리먼사태와 동일본대지진 같은 커다란 위기가 차례차례 발생한 것이다.

이처럼 위기는 갑자기, 그리고 몇 번이라도 엄습해온다. 따라서 경영자는 절정기에 있다 해도 항상 준비하고 위기에 맞서야 한다.

여러 가지 위기 중에서도 특히 동일본대지진 같은 천재는 언제 닥쳐올지 예측이 불가능하기 때문에 매우 심각하다고 할 수 있다. 그렇다고 해서 "천재이기 때문에……"라는 변명은 하지 말고 평상시에도 마음을 다잡아야 한다.

나는 한 곳에 집중되는 리스크를 피하기 위해 사전에 생산거점을 분산시켜뒀다. 시라가와공장은 실리콘 웨이퍼를 제조하고 있었지만, 이미 지진 이전부터 후쿠이, 군마, 나가노에 생산공장을 마련했다. 또한 해외인 미국에도 생산거점을 분산해놓았다.

실리콘 웨이퍼 제조는 단결정 잉곳(반도체 직접회로(IC)를 만드는 데

쓰이는 웨이퍼를 만들기 전의 상태로, 실리콘(Si), 갈륨아세나이드(GaAs) 등을 성장시켜 얻은 것-옮긴이)의 생산공정과 이것으로부터 웨이퍼의 절단, 연마 등을 해가는 웨이퍼 가공공정으로 완성된다. 이 잉곳 생산 및 웨이퍼 가공과 관련 각각 거점을 늘려 리스크 분산을 단행했다. 일본을 비롯한 해외에 누계 수천억 엔의 투자를 실행해 거점을 신설 및 증설, 보강했다.

그 가운데 미국에 1천억 엔이 넘게 투자할 때는 금액이 매우 커서 사내에서 회의적인 목소리가 나왔다. 투자효율을 높이기 위해서 일본에 집중해야 한다는 의견도 있었다.

그래도 최악의 사태가 발생했을 경우, 이것이 반드시 회사에 기여하리라고 판단해 투자를 단행했다. '최악의 사태'라고 가정해놓은 일 가운데에는 지진 등의 천재지변도 포함돼 있었다.

이처럼 리스크 분산 조치를 사전에 준비해둔 덕분에 동일본대지진의 피해를 최소한으로 막을 수 있었다. 지진으로 인해 시라가와공장이 피해를 입었지만, 주로 제조하고 있던 300mm 웨이퍼 제품을 포함 이 공장에서 생산하고 있던 실리콘 웨이퍼는 일본 및 해외 다수의 공장에서 대체 생산이 가능한 체제로 되어 있었다.

대체 생산시설을 풀가동한 결과 시라가와공장에서 일시적으로 발생한 손실분을 보전할 수 있었다. 또한 시라가와공장 자체도 발 빠르게 조업 재개할 수 있었다. 복구에 임했던 임원들의 헌신적인 노력 덕분에 대지진으로부터 1개월 후 생산을 재개했다.

한편 가시마공장에서는 PVC를 생산하고 있었지만 이곳도 지진으로 공장 가동이 중지됐다. 그러나 가시마공장의 PVC 생산능력은 연산 50만 t으로 비교적 적은 규모였다. 신에츠화학의 미국 자회사인 신텍의 당시 생산능력은 연산 260만 t으로, 풀가동 생산하고 있었기 때문에 그룹 전체로 보면 가시마공장의 생산 감소분의 영향은 제한적이었다.

대지진 피해로 두 곳의 공장에서 조업이 중단된 후에도 일본 및 해외 생산거점을 풀가동해 위기를 극복할 수 있었다. 결과적으로 그러한 전대미문의 대지진 피해에도 불구하고 고객들에게 공급 책임을 다할 수 있었다는 것은 정말로 다행이다.

천재를 비롯하여 변화가 극심한 현대 사회는 경영자의 역량이 평가되는 시대이다. 늘 최악의 상황을 가정해 준비해두지 않으면 산 정상에서 계곡 밑으로 전락할 수도 있다. "산이 높으면 계곡이 깊다"라는 말은 결코 틀린 말이 아니다. 냉엄한 현실 인식이 필요하다.

50
강풍이 불 때 강한 풀을 안다

"강풍이 불 때 강한 풀을 안다疾風知勁草"라는 말이 있다. 강풍이 부는 때가 돼서야 강한 풀을 구별해낼 수 있다. 즉 고난에 직면했을 때 비로소 지조와 의지의 강함을 시험해볼 수 있다.

2008년 리먼사태로 야기된 세계 불황은 정말 강풍이었다. 하지만 그런 와중에서도 신에츠화학은 이익을 지속해서 낼 수 있었다. 리먼사태 직후인 2009년 3월 결산에 이어 2010년 3월 결산기에도 이익을 기록했다. 2011년 3월 결산기에서는 경상이익이 26.2% 증가했다. 이렇듯 리먼사태 이후의 불황으로부터 빠르게 회복됐다.

전대미문의 불황기에 회사가 이익을 지속해서 내는 것은 그리 쉬운 일이 아니다. 그러나 그러한 강풍의 시기를 겪어야 강한 기업인지를 알게 된다.

동일본대지진 발생 당시 주택 건자재나 상하수도 파이프, 전선 피복, 도로의 배수용 파이프 등 재해 복구를 위해 많은 PVC 제품이 필요했다.

신에츠화학이 PVC 공장의 재해에도 불구하고 그러한 수요에 대응할 수 있었던 것은 평소 체질을 강화해 쉽게 무너지지 않도록 해놓았던 덕분이다. 천재일 경우라도 재건을 위해 기업은 스스로 완수해야 할 역할을 생각해둬야 한다. 신에츠화학의 경우 PVC 등의 소재 공급이 바로 사회적인 역할이다.

천재라고 하는 '강풍'이 불어야 기업으로서의 역량을 평가받을 수 있다. 그러한 때 중요한 것은 대지진처럼 거대한 위기에도 두려워해서는 안 된다는 것이다. 만일 대지진이라고 해서 당황해 눈앞의 업무를 소홀히 하면 그것은 기업의 본분을 잃는 것이다. 위기가 닥쳐도 강력한 체질을 유지해 눈앞의 일에 전력을 기울인다. 이러한 견실한 축적이 결과적으로 사회에도 기여하게 된다.

51

현실의 경영 환경을 받아들이고, 어떻게 대처할까를 고려하고 실행한다

많은 경영자들은 경기의 파도에 어떻게 대처할지를 두고 늘 고민한다. 이들 가운데 '불황'이라고 변명하는 경영자도 있을 수 있다. "불황이기 때문에 지금은 꼼짝도 하지 않는다. 어쩔 수 없다"라는 것이다.

그러나 호황이든 불황이든 경영자는 늘 최선을 다해야 한다. 불황은 경영자 스스로의 경영철학의 진가를 시험하는 기회라 할 수 있다.

이런 점에서 2008년에 발생한 세계적인 불황은 확실히 경영자로서의 역량을 시험받은 시기였다. 리먼사태를 계기로 세계 경제는 커다란 하강 국면에 빠졌고 일본 경제도 큰 타격을 입었다. 그야말로 '100년에 한 번 오는 글로벌 경제 위기'로 평가됐다.

그러나 나는 그렇게 심각한 상황에 대해 오히려 '해볼 만한 가치가 있다'라고 느꼈다. 물론 불황이 오는 것을 환영했다는 뜻은 아니다.

우리 회사도 심각한 상황이었다. 하지만 불황기이기에 경영자로서의 역량을 시험할 수 있다고 생각했다.

그렇다면 나의 경영철학은 어떠한 것일까? 그것은 '현실의 경영 환경을 받아들이고, 그것에 어떻게 대처할지를 생각해 실행한다'는 것이다.

세계적인 불황이라는 엄중한 현실에 직면해 대처법 또한 커다란 전환을 가져오게 됐다. 이때까지와 동일한 대책을 수행하는 것만으로는 변화하는 현실에 대응하는 것은 불가능하다. 차라리 종래의 방식을 단숨에 뛰어넘는 결의로 세계적인 불황에 맞서 나가야 할 것이다. 이러한 경영철학에 따라 리먼사태 후의 불황기는 내 생각을 검증하는 절호의 기회였다. 나는 그때까지 실천해온 경영 기법을 보다 철저하게 추진하는 동시에 현실에 입각한 새로운 대책을 차례차례 내놓았다. 그 결과, 2011년 3월 결산부터 다시 계속해서 이익을 증가시킬 수 있었다.

52

'경기가 나쁠 때 어떻게 판매해야 할까'를 고민한다

불경기가 되면 "경기가 나쁘기 때문에 제품이 팔리지 않는 것은 어쩔 수 없다"라고 말하는 경영자가 있다. 그러나 그렇게 말하는 경영자는 존재 의미가 없다. 경기는 좋을 때도 있고 나쁠 때도 있다. 따라서 언젠가 경기가 나쁠 때가 올 것이라는 것을 알고, 그때를 대비해 판매하는 공부를 해야 한다.

리먼사태 후의 불황도 사전에 어느 정도 예측이 가능했다. 미국에는 서브프라임 모기지 문제가 표면화되기 전부터 주택 착공 수 등의 지표에 어두운 면이 보이기 시작했다. 나는 이러한 지표의 변화에 초기부터 주목했다.

신에츠화학의 자회사인 미국의 신텍에서 생산하는 PVC 수요의 60% 이상은 주택용이다. 나는 미국의 PVC 수요가 하락하는 것을 보고 대책을 수립했다. 미국 이외의 나라에 적극적으로 제품을 판매하는 대책이었다. 따라서 중남미, 중동, 아프리카 등지로 판매지역을 확대해 미국 시장에서의 수요 감소에 대비했다.

예측대로 2007년에 서브프라임 모기지 문제가 표면화되면서 미국 시장에서 PVC 수요가 감소했다. 그러나 신텍은 이미 대책을 마련해놓았기 때문에 풀생산, 전량 판매를 유지할 수 있었다. 반면 미국의 PVC 업체 전체를 보면, 많은 회사들이 수요 급감으로 커다란 타격을 입었다.

수익이 크게 나빠진 회사가 잇따랐다. 그러한 와중에도 신텍은 2007년에 312억 엔의 경상이익을 올렸다. 이어 2010년에는 루이지애나주 공장의 생산능력을 증설해 그 이후에도 풀생산 전량 판매를 지속하고 있다.

경기가 좋을 때 팔리는 것은 당연하다. 자연의 흐름에 맡기면 그만이다. 중요한 것은 경기가 나쁠 때 고생하지 않으면 팔리지 않는다는 것이다. 그 방법을 생각하기 위해서 경영자가 존재하는 것이다.

53
매일 시황을 상세하게 보면 경영 과제가 명확해진다

경영자가 완수해야 하는 첫 번째 사명은 이익을 올리는 것이다. 불황일 때도 적자를 허용하지 않겠다는 집념이 필요하다. 그렇다면 어떻게 이익을 만들어낼 수 있을까? 이를 위해서는 매일매일 자잘한 대처를 해나갈 수밖에 없다.

예를 들어, 나는 매일 시황을 자세하게 보고 있다. 수요의 움직임을 빠르게 체크하기 위해서이다. 메이커는 이익을 내기 위해 제품을 판매해야 한다. 하지만 수요가 없는 나라나 지역에 판다면 효과가 없을 것이다. 또한 매우 낮은 가격으로 물건을 사는 고객도 피해야 한다.

넓은 시야로 세계를 본다면 적절한 가격으로 물건을 사주는 고객들은 많이 존재한다. 그러한 고객사를 찾아서 판매하기 위해서라도 시황을 철저하게 관찰해야 한다.

어쩌면 경영자 스스로 모든 제품의 시황을 확인하는 것을 신기하게 생각할지도 모르겠다. 하지만 구체적인 상거래를 지켜보면서 가격을 결정하는 것이 중요하다. 가격을 잘못 결정하면 적자가 생기게 된다. 구체적인 상거래의 축적이 결과로 이어진다.

또한 신용 리스크에 무관심하다면 고객이 도산에 직면했을 때, 매출채권의 회수 불능 사태로 이어질 수도 있다. 예를 들어, 예전에 어떤 고객이 도산한 적이 있었다. 경영이 악화되고 있는 것을 알고 있었지만, 명문 기업으로 정부가 지원한다는 소문도 있어 설마 파산할 것이라고는 그 누구도 생각지 않았다.

하지만 나는 신용 리스크가 높다고 보고 거래정지를 명령했다. 그 고객사가 매우 낮은 가격으로 구매를 요구한 적도 있어 '매우 위험한 상태'라고 판단했기 때문이다. 실제로 거래정지를 명하고 나서 그 회사는 곧바로 도산했다. 철저하게 하루하루 점검하는 일과가 회사를 지킨다.

54
조령모개(朝令暮改)형 경영자가 오히려 낫다

형편없는 경영자의 전형으로 '조령모개朝令暮改'형을 떠올리는 사람이 많을 것이다. 아침에 내린 지시를 저녁에 바꾸는, 즉 방침이 빈번하게 변하는 우유부단한 경영자는 조직을 이끌 수 없다는 것이다.

확실한 경영철학 없이 즉흥적으로 행동하고, 방침을 정하지 못하는 경영자 밑에서 회사는 원활하게 운영될 수 없다. 그렇지만 그 반대의 경우로, 방침을 완고하게 움직이지 않는 경영자는 어떨까?

그 또한 회사를 위태롭게 할 수 있다고 생각한다. 자신이 내린 방침에 과도하게 집착하는 경영자는 자신의 예측을 과언한다. 나도 일단은 미래에 대해 예측을 하지만 그것에 근거해 계획을 수립하지는 않는다.

경영자는 예측은 언제든 빗나갈 수 있는 것이라고 생각하고 행동해야 한다. 물론 자신이 수립한 예측보다도 사태가 더욱 악화될 것이라는 전제하에 계획을 수립해야 한다.

나는 '사태가 나빠진다면 그때는 어떻게 해야 할까'라고 늘 생각하면서 계획을 수립하고 있다. 현실에서는 사태가 한층 더 악화되기도 하고, 예측하지 못한 일들이 발생하기도 한다. 그럴 때마다 계획을 수정해 유연하게 대처하도록 하고 있다.

자신의 예측이나 방침에 집착해 '내가 무조건 옳다'라고 생각하는 것은 하찮은 일이다. 중요한 것은 경영자 자신의 체면이 아니라 회사의 이익을 끝까지 지키는 일이다. 이러한 의미에서 보면 방침을 완고하게 바꾸지 않는 경영자보다는 오히려 '조령모개'형 경영자 쪽이 옳다고 말할 수 있다.

현실에 유연하게 대처하고, 자신의 예측에 집착하지 않으며 차츰 계획을 수정해간다. 물론 그렇다고 매일 방침을 바꾸라는 말은 아니다. 상황의 변화에 따라 방침을 발 빠르게 고쳐가는 임기응변이 필요하다는 것이다.

누구도 미래를 알지 못한다. 전제가 달라진다면 결론이 바뀌는 것은 당연하다. 자신의 예측에 속박되는 것만큼 어리석은 일은 없다.

55
자기자본을 사업에 투자했기에 성장이 가능했다

기업이 기동성 있는 투자를 단행하려면 자금이 필요하다. 이러한 신념에서 신에츠화학은 자금을 많이 보유하고 있다. 신에츠화학은 경영 노력의 결과로 창출해낸 캐시 플로우(당기 순이익 + 감가상각-옮긴이)를 사업투자에 적극 활용하고 있다.

그렇다고 "무엇이든 좋기에 계속 투자한다"라고 말할 순 없다. 어디까지나 성공 확률이 높은 사업이 아니라면 귀중한 자금을 쏟아부어서는 안 된다.

사업 확대의 좋은 기회를 잡기 위해서는 자금이 필요하다. 사업을 확대하는 호기는 예측이 상당히 어렵고 갑자기 찾아오는 경우가 많다. 만일 그때 은행에서 자금을 빌리기 위해 시간을 소비하고 있다면 모처럼의 호기를 놓치기 쉽다. 따라서 자기자본으로 기동성 있게 대처해가는 것이 바람직하다.

가능한 한 기업의 본줄기인 사업의 확대를 위해서 자금을 활용해야 한다. 성공 가능성이 높은 좋은 기회가 찾아왔을 때 발 빠르게 투자가 가능한 만큼의 자금을 보유하고 있어야 한다.

기업 인수합병M&A도 사업 확대의 선택사항 중 하나이다. M&A를 실행하기 위해서라도 자금이 필요하다. 대형 매수 안건의 경우 적게는 1천억 엔의 자금이 필요하다. 기동성 있는 M&A를 수행할 준비를 하는 것도 미래의 성장동력을 확보하는 방책이다.

그러나 무모한 대형 M&A는 실행하지 않는다. 나는 성공 가능성이 높은 M&A만 시도했다. 네덜란드의 PVC, 독일의 셀룰로스, 오스트레일리아의 금속 규소는 모두 연결결산에 공헌하는 사업으로 성장했다.

자금은 소중하게 가까이 두고, 장기적인 관점에서 엄선한 사업투자를 자기자본으로 실행한다. 그런 전략은 주주의 장기적인 이익과도 직결되기 때문이다.

56
회사는 부채로 망한다

경영자 인생에서 최대 위기 중 하나는 1980년대 불황이었다. 제2차 오일쇼크의 영향으로 PVC 시황이 급격히 악화되었다. 미국에서 PVC를 생산 판매하는 신텍도 매우 혹독한 경영 환경에 처해 있었다. 나는 시황이 악화되는 초기부터 제품이 판매되지 않는 조짐을 파악한 덕분에 곧바로 긴급 대응에 나설 수 있었다.

어떻게든 판매를 위한 모든 수단을 동원했다. 영업사원들은 필사적으로 판매에 나섰다. 집요하게 영업을 했고, 모든 인맥을 동원했다. 나 자신도 영업의 최일선에 서서 미국 전역을 돌아다녔다.

이러한 적극적인 영업으로 제품을 전부 판매할 수 있었다. 한때는 회사를 꾸려갈 수 없을지도 모를 것 같은 불안감이 많았지만, 이익도 조금 낼 수 있었다.

필사적인 영업 노력 등으로 위기를 극복할 수 있었으나 실은 이전부터 위기가 닥칠 것이라 예상하고 미리 회사체질을 강화해놓은 것도 주효했다. 구체적으로 설명하자면, 자금회전이 난관에 봉착하지 않도록 차입금을 최대한 갚도록 조치했다.

차입에 차입을 중복하면 신용이 떨어지고, 회사가 어려워졌을 때 은행은 대출을 중단하게 된다. 그러나 차입금을 지체하지 않고 변제해주면 신용이 올라가고 어려울 때는 쉽게 대출받을 수 있다.

'회사가 망할 때는 부채로 망한다'는 게 나의 경험이다. 때문에 차입금을 변제해가는 한편 자금회수도 빠르게 진행했다. 자금회수 또한 자금흐름에서 중요한 요소라고 할 수 있다.

차입금 변제와 자금회수를 적극적으로 개선한 결과, 자금흐름이 막히지 않는 강한 체질이 만들어졌다. 덕분에 심각한 불황 속에서도 자금이 부족한 일이 없었다. 평소 최악의 상황에서의 자금흐름을 고려해 경영을 해왔기 때문에 경기 불황의 위기를 극복할 수 있었다.

57
영업은 고객의 신뢰를 얻는 것이다

영업은 평소부터 고객 관리를 지속하는 것이 매우 중요하다. 이러한 영업 대응이 위기에 처했을 때 회사를 구해준다. 영업을 강화하기 위해서는 무엇보다도 고객의 호감을 얻는 것이 필요하다. 하지만 신텍은 미국에서 외국 기업이기 때문에 편견을 받는 일도 있었다.

영업사원들은 미국인이지만, 외국 기업이기 때문에 현지 시장에서 편견을 완전히 없애는 것은 어렵다. 그렇다 해도 이런 편견을 극복해야만 한다. 이러한 어려움에 부딪혔을 때 신텍은 오로지 성심성의를 다하는 것으로 고객의 신뢰를 얻었다.

구체적인 예를 들어보겠다. 내가 영업 활동의 돌파구로 한 일은 고객 측의 주요 인사들과 친밀한 관계를 만드는 것이었다. 만일 미식축구를 좋아하는 고객이라면 보고 싶은 시합의 티켓을 준비한다. 때론 그 고객의 부인 생일이 오면 축하 꽃다발을 증정하기도 한다. 이런 소소한 활동을 지속한 결과 주요 인사와 친해지게 됐다.

특히 우리들에게 절호의 기회였던 것은 "가족과 일본 여행을 가고 싶다"는 고객의 요청이 있을 때였다. 다른 미국 기업이 따라 하기 어려운 일이어서 이 기회를 놓칠세라 일본에서 극진한 대접을 했다.

물론 접대만으로 고객의 신뢰를 받을 수 있는 것은 아니다. 무엇보다도 비즈니스 측면에서 고객의 힘이 되고 지지하는 일이 중요하다.

예를 들어, 공급자 우위 시기에는 고객사가 조달상의 문제로 분투하고 있을 때가 있다. 이런 때에도 결코 높은 가격으로 판매하지 않고 적정 가격으로 제품을 공급해 고객에게 도움을 준다. 또 신텍은 미국 기업이 휴일에 들어간 토, 일요일에도 고객사가 제품이 필요할 경우 신속하게 제품을 출하했다.

이러한 대처를 지속한 결과 고객들의 신뢰를 얻게 됐다. 평소 영업을 강화해 고객과 신뢰 관계가 구축되어 있다면 회사가 위기 상황일 때 지원받을 수 있는 강한 관계가 된다.

58
안이한 방법을 버리고, 좁은 문으로 들어가라

기업 입장에서 고려해야 하는 리스크에는 여러 가지가 있다. 이러한 리스크 중에서 해외사업을 확대할 경우 특히 두 가지 리스크를 가슴에 새겨둬야 한다.

첫 번째 리스크는 '국가 리스크'이다. 이것은 정국이 불안한 나라에서 발생하는 특유의 리스크이다. 순수한 비즈니스상의 리스크가 아니라 정치적인 리스크이다.

예를 들어, 해당국에서 외국 기업에 대한 정책이 갑자기 180도 변해 기존까지의 비즈니스 방식에 장애가 되어 버리는 리스크라고 이해할 수 있다. 또한 혁명 등이 일어나 기업의 재산권이 침해되는 경우도 가정할 수 있다.

앞에서 설명한 바와 같이 실제로 신에츠화학도 중남미 니카라과에서 사업을 하던 합작회사가 국가 리스크에 직면했다. 갑작스런 혁명 발생으로 회사 운영이 불가능하게 된 것이다. 어쩔 수 없이 사원들의 전원 철수를 단행했다.

이러한 국가 리스크는 절대로 답습해서는 안 될 리스크이다. 기업에 이익이 되지 않기 때문이다.

두 번째로, 기업이 어쩔 수 없이 거쳐야만 하는 리스크도 있다. 바로 '커머셜 리스크'이다. 이것은 시장경제가 발달하고 경쟁이 심한 나라 특유의 리스크라고 할 수 있다. 순수한 비즈니스상의 리스크로, '경쟁에 시달리는' 리스크이다. 자유경쟁의 대표격인 미국이 전형적인 예다.

커머셜 리스크가 큰 나라에서는 무책임한 경영이 통용되지 않는다. 특히 미국의 경우, 타 시장과 비교해 경쟁이 심한 만큼 경영자에게는 사활을 건 경영 노력이 요구된다.

커머셜 리스크가 적은 나라의 기업들은 늘상 국가 리스크의 불안에 노출될 수밖에 없다. 반면 커머셜 리스크가 큰 나라에서 사업할 때는 국가 리스크를 고민할 것 없이 스스로의 수완으로 기업을 성장시킬 수 있다.

"좁은 문으로 들어가라"라는 신약성서의 한 구절이 있다. 노벨문학상을 수상한 프랑스 작가인 앙드레 지드의 소설 《좁은 문》에도 나오는 구절이다.

커다란 성공을 위해서라면 굳이 험난한 길을 택하라고 말하고 싶다. 사업가라면 두려워하지 말고 커머셜 리스크를 택해 성공을 쟁취해야 한다. 나 또한 '미국'이라는 거대한 시장에서 도전을 계속해왔다.

1974년, 신에츠화학이 미국에 설립한 신텍의 공장이 조업을 개시했다. 사업 초기 경쟁이 심한 미국의 PVC 시장에서 생산능력 기준으로 13위를 차지하는 작은 규모의 회사였다. 사내에서는 신텍의 투자에 대해 의문의 목소리도 있었다. 그러나 해외 PVC 사업 책임자였던 나는 결국 '좁은 문'을 선택해 회사 구성원들을 설득했다.

사업을 확대할 수 있는 커다란 시장이 있는 미국에 가지 않으면 안된다고 판단했다. 커머셜 리스크를 극복하고, 도전해야 한다고 생각했다. 신텍에 대한 투자는 당시 사장이었던 오다기리 씨가 결정했고, 신텍 스타일의 합리적이고 강한 경영체질을 만들었다.

이제 신텍은 세계 최대 PVC 메이커로 성장해 신에츠화학그룹에 거대한 이익을 가져오고 있다. 나는 신에츠화학 사장으로 취임한 뒤 신텍에서 실천했던 합리적인 경영 기법을 회사에 도입했다.

미국에서 검증된 신텍 스타일의 경영을 전사에 확대시켜 신에츠화학 전체를 고수익체질로 만들었다. 커머셜 리스크가 높은 미국에서 치열하게 경쟁했던 것이 신에츠화학의 경영을 강화하는 데 크게 기여했다. 나는 이러한 경험을 바탕으로 커머셜 리스크가 있는 경우, 사업 진입을 피하는 선택은 있을 수 없다고 강하게 믿고 있다.

반면 국가 리스크가 있는 경우, 사업을 크게 확대하지 말아야 한다. 이러한 교훈은 시장 전체가 아니라 개별 영업에 대해서도 적용할 수 있다.

예를 들어, 대형 고객들이 있을 경우 그들 회사에 의지해 영업을 한다면 손쉬울지 모른다. 하지만 상대의 사정이 바뀐다면 의존하고 있는 것만큼 받는 상처가 클 수 있다. 특정 고객에게 지나치게 의존하면 안 된다는 게 나의 경험이다.

편안함을 추구한다는 것은 반대로 위험을 높이는 것과 같다. 여기에서 중요한 것은 미래를 위해 유망한 신규 고객을 발굴해가는 것이다. 기존 고객과의 관계에 안주하지 말고, 오히려 '좁은 문'으로 들어가 고객사를 넓혀간다. 그렇게 해서 획득한 고객이 몇 년 내에 도움을 주는 경우도 많다. 역시 기업은 '좁은 문'을 뚫고 나아가야만 크게 성장할 수 있다.

59

품질을 유지하고 납기를 준수해야 적정 가격에 팔 수 있다

설비투자의 타이밍은 메이커 입장에서는 생사가 달린 문제다. 그런 타이밍을 결정하는 것은 설비투자로 증산하려는 제품을 전부 팔수 있다는 예상에 달려있다. 이 예상을 수립하는 것이 투자 리스크를 회피하는 길이다.

특히 신에쓰화학 같은 소재 메이커의 경우, 설비를 증설하면 단숨에 생산능력이 올라가기 때문에 판매 완료가 지극히 어려운 업종이다. 때문에 증산투자를 할 경우 가능한 한 수주 예약을 확실하게 해놓는다. 공급자 우위 시장이 된 기간에는 수주 예약을 확고히 해서 장기 계약을 체결하는 것이 바람직하다.

그러나 공급자 우위 시장이라고 해서 고객들을 곤란하게 해서는 안 된다. 어디까지나 고객에게 적정한 가격으로 판매해야 한다. 부당하게 터무니없는 가격으로 판매하는 것도 좋지 않고, 부당하게 가격을 깎아 사는 것도 바람직하지 않다.

가격을 턱없이 낮춰 팔지 않도록 늘 주의하지 않으면 회사를 지킬 수 없다. 수요자가 우위에 서는 시장이 될 경우 어쩔 수 없이 회사의 경쟁력이 떨어져 저가에 팔 수밖에 없기 때문이다.

어쨌든 수요자 우위 시장이 되었을 때 나약해지지 않도록 사전에 준비해놓을 필요가 있다. 앞에서 얘기한 것처럼 공급자 주도 시장의 시기에 수주 예약을 확실하게 하고, 장기 계약을 체결하도록 손을 쓰는 게 좋다. 그래야만 동종 업계의 타사와의 경쟁이 심화되어도 확실히 이익을 낼 수 있는 가격에 판매할 수 있다.

적정 가격으로 확실하게 판매하기 위해서는 고객과의 신뢰 관계를 구축하는 것도 중요하다. 늘 고객과 협력하는 관계가 되면 속임수를 써서 맞추는 가격 협상이 아닌 상호 이익이 되는 적정한 가격 설정이 가능해진다.

신에츠화학은 고객의 요구를 만족시키는 품질의 제품을 납기에 맞추어 공급해왔다. 이러한 실적이 경쟁력으로 이어졌다.

60
납기 준수와 공급 안정은 고객 신뢰 확보의 기본이다

신에츠화학은 안전과 품질 관리를 철저히 하고 있다. 기업이 사업을 지속하고 있는 이상 안전은 최우선으로 고려해야 할 가치이다. 품질은 당사가 세계 시장에서 싸워나가기 위한 중요 요소이다. 고객의 신뢰를 얻기 위해선 안전한 조업과 품질이 기초가 된다. 이 두 가지 없이 신뢰를 받는 일은 불가능하다.

신뢰라고 하는 둘도 없는 재산을 지키기 위해선 현장의 노력도 중요하지만, 경영자도 사소한 일로 불상사가 생기지 않도록 매일매일 대처해나갈 필요가 있다. 품질에 대해서 말하자면, 가능한 것은 "가능하다", 불가능한 것은 "불가능하다"고 고객에게 성실하게 대응해야 한다.

한편 일본 기업에서는 일을 만들기 위해 영업부서에서 무리하는 경우도 있다. 원칙적으로는 품질 측면에서 그렇게까지 엄격한 요구를 받아들이지 않아도 되는데도 '고객이 말했기 때문'이라며 과잉 품질 조건을 수용한다. 이로 인한 악영향은 제조 현장으로 바로 파급된다.

물론 제조현장에서 최대한 노력을 하지만 불가능한 것은 불가능하다. 결과적으로 납기 준수가 어려워지고, 고객과 약속한 품질 준수도 불가능하게 된다. 따라서 불가능한 것을 "가능하다"고 말하고 나서 현장에 무리를 요구해서는 안 된다.

영업맨은 품질 조건을 협상할 때 제조 현장의 의견을 반드시 들어야 한다. 확실하게 가능한지 그 여부를 명확히 해두면 현장에 부정적인 영향을 미치지 않게 된다. 제조 현장과 영업이 밀접하게 연계될 수 있도록 하는 것이 경영자의 역할이다.

만약 제조 현장이 '가능하다'고 약속했다면, 제조 현장은 확실한 제품 생산으로 고객과 약속한 품질을 지켜야 한다. 품질 보증 부서는 규격 외 제품은 절대로 출하하지 않는다는 강한 결의로 대처해야 한다.

또한 출하부서는 고객과 약속한 납기일을 지키도록 대응해야 한다. 납기 준수와 공급 안정이야말로 고객의 신뢰를 얻는 기본이다.

61

나의 목표는 세계 제일뿐만 아니라 늘 나아지는 것이다

세계 각국의 신에츠화학 직원은 약 2만 명에 달한다. 나는 매년 연초 세계 곳곳의 직원들에게 영상 메시지로 늘 다음과 같은 말을 전하고 있다.

"올림픽에서 금메달을 따는 것은 대단한 노력이 필요합니다. 그리고 연속해서 금메달을 따는 것은 그 이상의 노력이 필요합니다. 나의 목표는 단지 세계 제일이 되는 것뿐만 아니라 늘 나아지는 것입니다."

스포츠를 예로 들어, 연속해서 금메달을 목에 거는 것이 얼마나 어려운지를 알고부터는 직원들을 고무시키기 위해서 위와 같은 말을 즐겨 사용하고 있다.

연초의 영상 메시지뿐만 아니라 임원회의에서도 이따금 이 말을 한다. 이 정신을 사내에 확대시키고자 한다. 1위를 지키기 위한 노력을 게을리하지 않으려고 늘 마음의 준비를 하고 있다.

　다음과 같은 일도 있었다. 신에츠화학의 미국 자회사인 신텍은 1990년도에 미국 시장에서 점유율 19.3%를 기록, 최대 PVC 메이커가 되었다. 보통의 경우라면 이럴 때는 어느 정도의 성취감을 얻어 수비 경영에 들어갔을지도 모른다. 하지만 나는 이것으로 만족하지 않고 바로 설비투자를 단행했다. 마침 불황기에 접어들어 경쟁사는 설비투자를 보류한 듯했다. 나는 경기가 회복할 것이라 예상하고 선수를 쳤다. 1위에 오른 이상, 2위 이하 후발주자들의 추격을 허용하지 않는 것을 목표로 한다.

　"승부인 이상 연속해서 승리하지 않으면 안 된다"라는 신념으로 신텍은 계속해서 달려왔다. 현재 신텍은 미국에서 시장 점유율 35%에 도달해 2위와의 격차를 크게 벌였다.

　1위에 오른 것뿐만 아니라 1위를 계속 유지해 2위 이하와의 격차를 더 크게 하는 것이 중요하다. 나는 생산능력의 증설과 사업 확대에 역량을 집중해왔다. 금메달을 목표로 하는 경기에 끝은 없다.

62
리스크에 민감하게 반응하는 동시에 리스크를 두려워하지 마라

리스크를 두려워하면 그 무엇도 끝까지 해낼 수 없다. 커다란 성공을 손에 넣기 위해선 때때로 과감한 결단이 필요하다. 그렇지만 리스크에 둔감해서도 안 된다. 투자에는 항상 큰 리스크가 뒤따른다. 안이한 투자를 해서 실패하는 일은 허용되지 않는다. 실패할 경우 회사에 손해를 입히게 된다.

결국 리스크에는 남보다 민감하게 반응하면서 동시에 리스크를 두려워하지 않아야 한다. 이것이 성공의 요체이다.

이러한 의미에서 볼 때 나는 태어나면서부터 리스크에 민감한 체질이었는지도 모른다. 업무 외에도 늘 리스크를 의식하고 있다. 동시에 이러한 리스크를 두려워하지 않고, 어떻게 하면 리스크에 대처할 수 있을지를 고민하고 적극적으로 행동하고 있다.

예를 들어, 밤길을 걷고 있을 때도 괴한에게 습격당할 수 있다는 위험이 머릿속에 떠오른다. 이때 어떠한 행동을 취해야 할지 언제나 시뮬레이션해본다. 무슨 일이 발생했을 때 뒤늦게 후회하고 생각하는 것이 아니라 일상적으로 '이러한 일이 생긴다면, 이렇게 대처하자'라고 생각하는 습관이 배어 있다.

주위 사람들에게도 리스크를 의식하도록 항상 주의를 주고 있다. 비서가 퇴근할 때는 어두워졌으니 주의하고 혼자 다니지 않도록, 되도록이면 사람이 있는 곳으로 다니라고 말해준다. 개인적으로도 이렇게 했기 때문에 업무에서는 한층 더 리스크를 고려하고 행동했다. 이렇게 해온 덕분에 큰 실패를 겪은 적이 없다. 기본적으로는 리스크를 가정해서 취할 수 있는 모든 방법을 취하기 때문에 애초에 커다란 실패를 하지 않는 것이다.

또한 만약에 사소한 실패가 생겼다 하더라도 모든 방법을 강구해 그 영향을 최소로 하고 이 경험을 다음에도 잊지 않고 되새길 수 있도록 하고 있다. 그래서 후회도 하지 않는다. 늘 리스크 매니지먼트를 실행하고 있다면 대담하면서도 섬세한 결단이 가능하다.

63
열광의 도가니 속에서도 냉정히 판단하고, 시류에 편승하지 않는다

열광하면 반드시 식게 마련이다. 따라서 경영자에게는 열광의 도가니 속에 있다고 해도 냉정히 판단할 줄 아는 태도가 요구된다. 열광이 식은 후까지를 생각해 준비할 필요가 있다.

1999년 즈음 미국의 PVC 시장에 상당한 붐이 일었던 때가 있었다. 그야말로 열광의 도가니라고 할 수 있는 상황으로 PVC 제품의 품절이 지속되었다. 신에츠화학의 자회사로 PVC를 생산 판매하고 있던 신텍에 고객들은 "가격은 얼마든지 좋으니 제품을 공급해 달라"고 요청했다.

이런 엄청난 붐은 PVC 시장 역사상 좀처럼 없던 일이었다. 나는 이 초대형 붐을 맞아 고객사와의 계약을 빨리 갱신하도록 부하 직원들에게 지시했다. 구체적으로는 계약의 장기화와 가격 인상이었다.

보통의 경우 10월부터 11월에 걸쳐 계약 갱신을 한다. 당시에는 활황이 계속 이어지고 있어 여름 동안에 재계약을 단행했다. 그런데 이때 나는 대형 붐이 내년에 종료되리라 예상하고 있었다. 호경기가 끝나기 전에 되도록 빨리 협상한다면 우리 쪽의 조건을 쉽게 관철할 수 있다. 즉 이상적인 형태로 고객과의 관계를 만들기 위해 특수를 활용한 셈이다.

호경기에는 단지 수요 붐에 편승해 이익만을 올리는 것이 아니라 다음에 올 불경기를 대비해 회사체질을 강화할 필요가 있다. 이를 위해 고객사와의 관계를 강화하기도 하고, 불량 자산 등이 있다면 처리해버린다. 경영자는 경기의 열광에 날뛰지 않고 거꾸로 미래를 준비하는 포석을 두어야 한다.

이런 의미에서 붐을 끝까지 좇아가는 것은 당치도 않은 일이다. 붐에 편승해 과잉 설비투자를 하거나 매수를 지속하는 확대 노선은 반드시 부작용을 낳는다.

나의 예측대로 그때 당시의 PVC 붐은 다음 해에 식었지만, 신텍은 준비에 만전을 기했기 때문에 안정적인 수익을 올릴 수 있었다. 열광의 도가니 속에서도 냉정하게 판단해 시류에 편승하지 않는다. 항상이 점을 마음에 깊이 새겨두고 싶다.

64
시황이 나쁠 때야말로 경영자가 역량을 발휘할 수 있는 순간이다

시황이 좋을 때만 매수에 몰입하는 것은 아마추어가 하는 일이다. 경영자는 시황이 나쁠 때도 어떻게든 성사시킨다. 시황이 나쁠 때야말로 '진짜 경영'과 '가짜 경영'이 판가름 난다. "신에츠화학은 역시 프로다"라고 하는 경영을 하지 않으면 안 된다. 시황이 나빠졌다면 분명 해야 할 일이 있다.

예를 들어, 재무체질이 약한 경쟁 상대가 시장에서 철수하는 경우도 있다. 그 결과, 판매 가격이 올라가는 상황도 전개된다. 때문에 시황이 나빠질 때를 대비해 평상시 재무체질을 강화하는 것이 중요하다. 경기가 좋을 때는 쓸 수 있는 모든 방법을 활용해 경기가 나빠질 때 미동도 하지 않을 재무체질을 구축해놓는다.

《이솝 우화》에 나오는 '개미와 베짱이'에 빗대어보면, 최악의 상황은 경기가 좋을 때 '베짱이'처럼 들떠 방만放漫한 경영을 하는 것이다. 경영자는 경기가 나쁠 때 "불황이라서 어쩔 수 없다"라고 변명하면 안 된다.

나 또한 2008년 리먼사태 때 고생을 많이 했다. 하지만 그때까지 '개미'처럼 매일 경영 노력을 지속해온 덕분에 1천억 엔이 넘는 이익을 낼 수 있었다. 불황기임에도 불구하고 일종의 보람마저 느낄 수 있었다.

시황이 나쁠 때야말로 경영자가 최대한의 역량을 발휘할 수 있는 순간이다. 앞에서 설명한 것처럼 회사는 부채로 망하게 된다. 안이하게 차입하는 회사는 재무체질이 취약해지고, 불황 시에 크게 동요한다.

그렇게 되지 않기 위해서라도 되도록 차입금을 사용하지 않았다. 덕분에 신에츠화학은 국제 신용평가회사인 무디스로부터 'Aa3'의 신용도로 평가받고 있다. 일본 기업 가운데 매우 높은 신용도이다.

이러한 높은 신용도를 유지하고 있기 때문에 세계적인 금융 위기가 닥쳤을 당시에도 우리 회사는 전혀 흔들림이 없었다. 또한 리먼사태의 영향으로 신용도의 재평가가 이뤄지고 있는 기간에도 회사 신용도가 떨어지지 않았다. 강한 재무체질을 갖고 있어야 지속적으로 높은 신용도를 얻을 수 있다.

65
풀생산으로 만든 제품을 전량 판매한다

신텍은 PVC 메이커로서 세계 1위에 올랐다. 어떻게 그것이 가능하게 되었을까? 한마디로 말하면 '최대로 생산해서 최대한 판매했기 때문'이라고 할 수 있다. 물론 '강매'했다는 의미가 아니다. 최대로 생산해서 최대한 판매했다는 말의 의미는 '풀생산, 전량 판매'의 집념이라 할 수 있다.

풀생산에 대한 나의 집착은 집념에 가깝다고 볼 수 있다. 공장을 만든 이상 전력으로 조업을 해서 풀생산하도록 한다. 이러한 자세를 철저히 지켜왔다. 풀생산을 하게 되면 만들어낸 제품을 팔지 않으면 안 된다. 그야말로 '전량 판매'다. 미국 내뿐만 아니라 중남미, 중동, 아프리카 등으로 점점 판로를 넓혀간다.

풀생산으로 만든 제품을 전량 판매할 경우 제품이 부족하게 된다.

이때는 증설투자를 실시해 풀생산, 전량 판매를 한다. 이렇게 반복해서 풀생산, 전량 판매를 늘 지속하며 생산능력을 확대해왔다. 그리고 이것이 '세계 제일'이라는 결과를 가져왔다.

1999년에 네덜란드의 PVC 회사를 흡수 합병했을 때도 풀생산, 전량 판매 방침을 관철시켰다. 이 회사는 원래 신에츠화학과 기술 특허 계약을 했던 업체였지만 공장은 풀생산체제가 아니었다. 나는 왜 풀가동을 하지 않았는지를 물어봤다. "설비의 능력대로 충분히 생산하면, 유럽의 수급 균형이 무너져 공급 과잉이 되어 가격이 떨어진다"는 답변이 돌아왔다.

이것은 나의 생각과는 정반대였다. 유럽에서 판매되지 않는다면 타 지역에서 판매하면 된다. 나는 '미국 내 수요 균형이 무너지기 때문에 풀생산은 하지 않는다'고 생각하지 않는다. 그렇게 생각해본 적도 없다. 오직 풀생산, 완전 판매만이 존재한다.

66

도전하지 않으면 성장은 불가능하다

신에츠화학, 특히 미국 내 자회사인 신텍의 생산능력은 늘 확대 성장 추세였다. 현 상황에 만족하지 않고 성장을 지속해온 결과다. 대형 설비투자를 추진할 때마다 생산능력을 크게 확대시켰다. 물론 대규모 설비투자가 필요한 사업이 매년 똑같이 성장한다는 의미는 아니다.

그래도 설비투자를 반복해 실행한 덕분에 긴 안목으로 본다면 지속적으로 성장해왔다. 신텍이 취급하고 있는 PVC의 수요가 증가하는 시장 상황에선 생산능력을 키우고 있다.

일반적인 회사의 경우 어느 정도까지 성장하면, '성숙'이나 '성장 한계'라는 말이 나온다. 그러나 신텍에서는 "성숙기이니 성장노선을 수정하자"라고 논의한 적이 없다.

역설적인 표현일지도 모르지만, 섣불리 목표수치를 수립하지 않은 것이 신텍의 성장을 가능케 했다고 말할 수 있다.

예를 들어, '매출 1천억 엔'이라는 목표를 세운다면, 이것이 달성되는 순간 목표를 잃어버리게 된다. 혹은 동기가 떨어져 "매출 1천억 엔은 달성했지만, 그 이상은 정말이지 한계다"라는 의견들이 나오게 된다.

나는 그러한 목표를 세우는 대신 하루하루의 업무를 확실히 실행하고 고객을 소중히 대했다. 이러한 축적을 통해 고객으로부터 신뢰를 얻는다면 판매량이 증가한다. 판매량이 늘어나 풀생산, 전량 판매를 달성하게 된다. 따라서 생산설비를 증설하는 선순환이 가능하다. 결과적으로 순간적인 달성에 얽매이지 않고 지속적으로 성장할 수 있었다.

'성장'이라고 하면 목표를 향해 돌진하는 이미지가 일반적이다. 하지만 내 생각에 성장이란, 눈앞의 일에 열심히 그리고 지속적으로 대처해나가는 것이다. 성장을 향한 도전은 끝이 없다. 도전하지 않는다면 성장은 불가능하다.

인재의
활용

67
사업이 번창해야 고용도 유지된다

2장에서 소개한 것처럼 1980년대에 오다기리 신타로 사장의 지시로 일본 내 PVC 사업 재건에 돌입했다. 그중에는 공장 폐쇄도 포함돼 있었다. 대상이었던 곳은 야마구치현의 난요우공장으로, 이 공장은 생산능력이 낮을 뿐만 아니라 입지 또한 좋지 않았다. 한마디로 생산 운영상의 메리트를 상실한 곳이었다.

이곳의 설비를 폐기하고, 공장을 폐쇄한 뒤 이바라키현의 가시마공장과 생산거점을 통합하도록 했다. 하지만 하나의 공장에는 수많은 사람들이 연계돼 있다. 당연히 공장 폐쇄 과정에서 여러 반대 목소리가 나왔다. 먼저 과거 난요우공장의 설립과 연관된 간부로부터 강한 반대 의견이 제시됐다.

"고용 확보의 관점에서 인원 정리로 이어질 수 있는 공장 폐쇄에

찬성할 수 없습니다."

노동자의 고용 유지를 최우선 과제로 하고 있는 노동조합으로부터도 "고용 준수"라는 목소리가 터져 나왔다. 하지만 이런 강한 반발에도 나는 전혀 기죽지 않았다. PVC 사업의 재건을 위해서는 공장 폐쇄가 불가피하다고 확신했기 때문이다.

물론 고용을 경시했다는 의미는 아니다. "고용을 유지하라"는 슬로건만을 내세울 뿐 현실이 따라주지 않는다면 전혀 의미가 없다. 따라서 공장 폐쇄와 관련된 고용에 대해선 최대한 배려하고 직원의 다음직장을 확보하는 계획도 수립했다.

그 계획 덕분에 난요우공장이 폐쇄된 뒤 그곳의 거의 모든 직원을 가시마공장 등으로 배치하는 것이 가능했다. 해고도 희망퇴직도 없이 결과적으로 고용을 유지했던 것이다.

반대 목소리에 굴하지 않고 강한 신념으로 단행한 공장 폐쇄 등의 쇄신책에 따라 적자로 고심했던 일본 내 PVC 사업이 급속도로 재건됐다. 그 결과, 재건 작업 개시 1년 반 만에 흑자 전환을 달성했다.

68
꼭 필요한 사람 외에는 처음부터 채용하지 않는다

1990년 사장에 취임한 나는 신임 사장으로서 여러 가지 개혁을 단행했다. 그중 회사 역사상 처음으로 커다란 개혁을 한 것이 바로 신입사원 채용이었다. 앞에서 소개했지만 좀 더 자세히 설명하고 싶다.

내가 사장으로 취임하기 전, 신에츠화학은 연간 600명 정도의 신입사원을 뽑았다. 당시 부사장이던 나는 "회사 업무는 늘어나지도 않는데 정기적으로 인원을 늘리는 관행은 이상하다. 그만해야 한다"는 의견을 냈으나 관철되지 않았다. 사장이 된 후 평소 지론을 관철시켜 신입사원 채용을 거의 동결했다.

그렇다면 이제껏 어떻게 해서 그렇게까지 정기적으로 인원을 늘리는 관행을 지속해왔던 것일까?

그것은 회사 내 획일적인 의사결정 구조 때문이었다. 당시 채용 시즌이 되면, 각 사업부서에서 올라온 숫자로 채용 계획을 수립했다. 정말로 필요한 인원이라기보다는 '타 부서와 비슷한 규모의 인원을 채용하고 싶다'고 하는 의식이 있는 듯했다.

또한 각 부서의 채용 숫자를 집계하는 인사부는 인사부대로 '타사와 같은 규모의 인원을 채용해야 한다'는 의식을 갖고 있었다. 이런 배경에서 타성에 따른 신입사원 채용이 계속 이어져 온 것이다.

나는 이전부터 '일이 없는데도 사람을 채용해, 그 사람을 정년까지 고용하는 것은 불가능하지 않을까'라는 의문을 갖고 있었다. 채용에 대한 나의 지론은 '먼저 새로운 일을 만든다. 이를 위해 필요한 사람을 고용한다'라는 것이다. 이러한 철칙을 준수하지 않고 대충 사람을 뽑는다면 결국 어느 시점에 인원을 정리하지 않으면 안 된다. 회사도 사원도 그의 가족도 불행하게 될 가능성이 높다.

경영진과 사원의 신뢰 관계는 매우 중요하기 때문에 그 신뢰는 채용부터 정년까지 지속적으로 유지되어야 한다. 따라서 진정으로 필요한 사람 이외에는 처음부터 채용하지 않는다. 일단 채용했을 경우, 구조조정 없이 정년까지 책임져야 한다. 이것이 채용의 기본이라고 나는 생각한다.

69
진짜 인재 육성 방법은 스스로 해결하고 성장해가도록 하는 것이다

"신에츠화학은 어떤 방식으로 인재를 육성하고 있습니까?", "뭔가 특별한 사원 교육법을 실천하고 있진 않습니까?" 많은 사람들로부터 이런 질문을 자주 받는다. 하지만 실제로 신에츠화학에는 특별한 사원 교육법이 없다. 사원 연수는 각 직급별로 이뤄지고 있으나 횟수가 많지 않다.

나 또한 그러했다. 신에츠화학에 중도 채용으로 입사했기 때문에 누군가에게 교육을 받은 기억이 없다. 신세를 졌던 오다기리 신타로 (1974~1983년까지 신에츠화학의 사장) 사장에게도 특별히 실무상의 교육을 받은 적은 없었다. 그렇지만 되돌아보면 업무를 하는 과정에서 스스로 배우고, 실무적인 문제에 직면할 때마다 스스로 생각하여 실행하는 것을 반복해왔다.

물론 필요에 따라 전문가들의 의견을 듣기도 했다. 변호사나 회계사, 기술자 등 전문가들에게 배우지 않았다면 고도의 문제를 해결하는 일이 어려웠을 것이다. 그렇다고 해서 회사에서 체계적으로 교육을 받았다는 의미는 아니다.

신에츠화학은 젊은 사원을 적극적으로 해외사업소에 파견해 주재시키고 있다. 그러한 사원은 본사에서 근무할 때보다 폭넓은 업무를 경험하고 성장해간다. 여기서도 중요한 것은 사원을 가르치는 것이 아니라 스스로의 힘으로 해결하고 성장해가도록 한다는 것이다. 그렇게 함으로써 사원들은 처음으로 업무가 가능하게 된다.

회사에서 지시를 받아 수동적인 자세로 업무에 임하면 아무것도 익힐 수 없다. 또한 스스로 배워 실천하려는 기개가 없다면 어떠한 최상의 교육을 받는다 해도 별로 도움이 되지 않는다.

극단적으로 말해 회사 업무는 매뉴얼이나 교과서처럼 체계화하는 것이 곤란하다. 따라서 '교육'이라는 시스템으로는 대응할 수 없을지도 모른다. '업무를 어떻게 달성할 수 있을까'라고 생각한다면, 역시 스스로 개척하는 수밖에 없다. 이것이 나의 업무관이자 인재 육성에 대한 생각이다.

70
사원 스스로 생각하게 만들어라

신에츠화학은 대학 강의와 같은 사원 연수를 거의 하지 않는다. 정말로 사원 연수가 없는 건지 의문을 갖는 사람도 있다. 물론 그렇다고 해서 사원을 완전히 방치해버리는 것은 아니다.

사원들의 성장을 확인하고, 촉구하도록 하는 구조는 갖추고 있다. 일단 신입사원에게는 필요로 하는 최소한의 연수를 실시한다. 먼저 본사에서 연수하고 난 후 공장에서 실질적인 연수도 실시한다. 이러한 일련의 신입사원 연수는 지극히 일반적인 것이라 생각한다.

다른 회사와 다른 점이라면, '입사식'을 예로 들 수 있다. 신에츠화학은 입사식을 최초의 연수 기회로 활용하고 있다. 때문에 회장이나 사장이 지루하게 훈시를 하는 일은 하지 않는다.

입사식의 프로그램 중에는 내가 신입사원의 질문에 대답하는 시간이 있다. 회장이나 사장이 일방적으로 이야기하는 훈시를 듣는 수동적인 자세가 아니라, 스스로 생각하는 소중함을 신입사원들에게 이해시키기 위한 시간이다. 상대방에게 질문을 하려면 필사적으로 생각하지 않으면 안 되기 때문이다.

매뉴얼 등이 없는 상황에서 회사 일을 스스로 검토해 질문하도록 한다. 학교를 갓 졸업한 신입사원에게 그러한 질문을 고민하게 하는 것이야말로 인재를 훈련시키는 첫걸음이다.

관리직을 대상으로도 연수를 시행하고 있다. 하지만 외부 강사를 초빙해 이야기를 듣는 방식은 도입하지 않고 있다. 사장과 현장 간 소통이야말로 인재를 육성하는 방식이라고 생각하기 때문에 질의응답을 중심으로 진행한다.

특히 부장급이 된 직원들은 나와의 질의응답 시간을 충분히 갖도록 하고 있다. 그 사람이 현재 담당하고 있는 업무에 관한 고민과 과제에 대해 나에게 질문하도록 한다. 이러한 질의응답 시간은 진검승부의 기회이다. 나 또한 단지 형식적인 답변으로 얼버무리지는 않는다.

질문에 대답하기 전에 그 사람이 처해 있는 사업에 대해 상세한 이야기를 듣는다. 그 사업의 상황과 질문자의 과제를 이해한 뒤 "나라면 이렇게 생각한다"라고 의견을 준다.

어떨 때는 한 가지의 질문에 대한 답변이 10분을 넘어가는 경우도 있다. 답변을 최대한 진지하게 하기 때문에 질문하는 쪽도 마찬가지로 진심으로 대하게 된다. 어떻게든 직원 스스로 생각하게끔 유도하기 위한 방법이다.

예를 들어, 해외에서 영업을 하고 있는 관리직 간부가 이런 질문을 한 적이 있다. "좀처럼 현지 고객사의 매출이 늘어나지 않고 있습니다. 가나가와 회장께서는 신텍에서 일본계 기업이 아닌 미국의 고객을 대상으로 매출을 늘려왔습니다. 어떻게 대응하신 겁니까?"

나는 이 질문에 답변하면서 해외 영업에서의 '마음가짐'도 함께 설명했다.

"영업의 기본은 일본계 기업도, 현지 기업도 동일합니다. 일본인에 대해서도 마찬가지이지만 미국인에 대해서도 신용을 쌓아가는 일이 가장 중요합니다. 그렇다면 어떻게 해야 신용을 쌓는 것이 가능할까요? 이를 위해서는 먼저 미국인의 생활이나 사고방식을 이해하는 것부터 시작해야 합니다.

나는 미국에 주재할 당시 일식을 전혀 입에 대지 않았습니다. 때문에 일본 식당에 한 번도 간 적이 없지요. 미국에서는 늘 '미국식' 식사를 합니다. 그래서 스테이크하우스 등 미국인들이 좋아하는 곳을 자주 애용했습니다. 이러한 마음가짐을 잊어서는 안 됩니다."

이처럼 신에츠화학의 인재 육성 방침은 일방적으로 훈계하는 교육이나 연수가 아니라 스스로 생각하고 개척해가도록 하는 것이다. 인간은 스스로 성장할 수 있는 힘이 있다고 믿기 때문이다.

71
보고서에는 업무 관계자들을 반드시 명기하도록 한다

간결하고 명료한 보고서를 작성하는 능력은 업무를 원활하게 진행하는 데 꼭 필요하다. 나는 사원들에게 보고서는 한 장짜리로 압축해 작성하도록 지시하고 있다. 글자는 읽기 쉬운 크기로 해야 한다.

모순이라고 생각할 수도 있지만, 큰 글자로 한 장에 내용을 담아내려면 전달하고자 하는 요점을 진정으로 깊이 생각해야 한다. 즉 깊고 충분히 고민하지 않으면 간결한 보고서를 만드는 것이 불가능하다. 이러한 보고서 작성법을 철저하게 연습하면 꼭 필요한 핵심 요점을 한 장에 작성할 수 있게 된다.

보고서의 내용뿐만 아니라 보고서를 배부하는 곳도 매우 중요하다. 보고서의 배부처를 보면 작성자의 머리가 좋은지 나쁜지도 알 수 있다. 나는 서류의 주요한 통신수단이 팩스였던 시절부터 젊은 사원에게 서류의 배부처에 주의하도록 반복적으로 강조해왔다. 지금이라면 이메일을 보낼 때 수신자나 참조자이다.

예를 들어, 어떤 보고서가 영업부서에서 나에게 보고됐다고 하자. 이메일의 수신 참조자로 공장장, 영업 담당자 등의 이름이 들어가 있다면 내가 질문하고 싶을 때 그들에게 직접 연락을 취해 이야기를 듣는 것이 가능하다.

따라서 보고서를 받는 사람이 의문점이 있을 때는 바로 질의할 수 있도록 정보를 공유하고 있는 관계자를 명기해두는 게 중요하다. 보고서를 받은 사람이 헛된 시간을 보내는 일이 없어지고, 상호 소통도 좋아진다.

보고서의 참조자 대상에 업무 관계자들이 명기되어 있지 않을 경우 이 보고서를 나 이외에 누가 보고 있는지, 즉 보고서가 어디에 전달되었는지 알 수 없다. 문의하고 싶은 내용이 있어도 핵심 업무 담당자에게 연결되기까지 시간을 낭비하게 된다. 따라서 기업 조직에서 효율적인 업무를 하기 위해서는 내용뿐 아니라 배부처도 충분히 고려해야 한다.

보고서에 배부처가 없다면 업무 연락을 곧바로 하기 어렵다. 기업 경영은 전쟁터이기도 하다. 정보의 전달 여부가 사업의 성패를 좌우할 수도 있다. "듣지 못했습니다"로는 이미 벌어진 일을 수습할 수 없다.

72
경영자는 실무를 통해 스스로 성장해야 한다

신에츠화학은 경영자 육성을 어떻게 하고 있을까? 사실 나는 경영자는 '육성'하는 것이 아니다라는 생각을 갖고 있다. "최고경영자가 교육을 시키지 않으면 그 다음 경영자는 육성되지 않는다", "무책임하다"라는 비판도 있을 수 있다. 하지만 불가능한 것을 가능하다고 말하는 쪽이 더 무책임하지 않을까.

기업의 일인자가 할 수 있는 것은 자신의 역량으로 성장할 수 있는 사람을 찾아내고 기회를 주는 것뿐이라고 생각한다. 다시 말해 경영자 육성 프로그램이나 커리큘럼을 준비해놓는 것이 아니라 후계자의 실천 여부를 지켜보는 것이다.

물론 도중에 문제점이 있다면 주의를 주든지, 혹은 결과가 나오지 않으면 다른 인재와 교체한다. 어디까지나 실제 비즈니스에서 성장하는 것을 지켜보는 것이다. 비즈니스맨의 능력은 어느 정도 천성에 의한 것이 있어 각자의 소질에 따라 업무를 분담할 수밖에 없다. 그렇지만 누구에게 어떠한 소질이 있을지는 실제 업무를 맡겨보지 않고서는 알 수 없다. 따라서 경영자는 실무를 통해 인재를 발탁하고 적재적소에 배치할 필요가 있다.

교육이 가능한 시기는 초등학생까지이다. 그 이후는 자신의 힘으로 성장하는 사람을 찾을 수밖에 없다. 나 또한 경영자가 되기 위해 연수를 받거나 육성 프로그램의 교육을 이수한 경험이 없다.

스스로 사업을 성장시키는 방법을 생각하고, 고객과 협상하고, 사업을 만들어 크게 성장시켜왔다. 어디까지나 실제 비즈니스를 통해 발버둥 치면서 내 자신을 성장시켰다. 이렇게 축적한 실적과 성과물의 결과로 오다기리 신타로 사장에 의해 경영진으로 발탁됐다고 생각한다.

미래의 경영자 후보를 선정하고 육성 프로그램과 커리큘럼을 준비해 진정한 경영자로 만드는 것은 어려운 일이다. 누군가에게 교육을 받아야만 성장할 수 있는 사람은 매일매일이 전쟁의 연속이고 스스로 생각하고 행동해야 하는 경영자의 일을 결코 감당해낼 수 없다고 본다.

73
누구도 할 수 없는 일에 도전하는 사람이 큰일을 이룬다

인재 육성에 관한 나의 방침은 실무 교육을 철저히 하는 것이다. 일반적인 이론을 가르친다거나 주입식 정신교육은 일체 하지 않고 오로지 비즈니스 성공을 위한 의식개혁에 역량을 집중시켜왔다.

의식개혁도 실제 업무를 진행하는 과정 중 자연스럽게 교육하는 것이 중요하다. 예를 들어, 사원에게 새로운 업무를 맡기는 경우 인간 됨됨이가 된 사람일수록 전심전력을 기울여 일을 한다. 그러나 업무를 하다 보면 난관에 부딪치는 일이 생길 수 있다. 이때 전심전력을 다 한다든가 열심히 한다든가 하는 정신 자세가 오히려 업무를 방해할 수도 있다.

이럴 경우 나는 다음과 같이 말하며 의식개혁을 촉구한다.

"열심히 하지 않아도 좋습니다. 중요한 것은 아무렇게나 열심히 하는 것이 아니라 머리를 쓰는 일입니다. 따라서 누워 뒹굴어도 좋으니 결과를 만들어내는 것이 중요합니다."

업무에 있어 중요한 것은 노동의 양이 아니라 질에 있다. 아무리 땀 흘려 일한다 해도 결과가 없다면 아무것도 되지 않는다. 전심전력을 다하는 깃보다 결과를 만들어내는 것이 가장 중요하다.

다시 말해 머리를 쓰는 일이 무엇보다도 중요하다. 머리를 쓰기 위해서는 긴장을 풀고 쉬면서 좋은 기회와 발상이 떠오르도록 해야 한다. 역량이 떨어지는 사람에게 악착같이 일하도록 하는 것은 머리를 피곤하게 만든다. 당연히 좋은 생각이 떠오르지 않게 된다. 머리를 쓰는 일을 최우선으로 한다면, 그때까지 상식이라고 생각했던 것을 뒤집어엎는 일도 가능하게 된다.

"상식적으로 무리입니다"라고 하며 포기하는 사람보다 세계에서 누구도 할 수 없는 일을 해보겠다고 도전하는 유연한 사람이 큰일을 달성할 수 있다. 실제로 한 가지 업무를 달성한 사원은 실무능력을 높여 착실히 성장해간다.

74
칭찬하지 않으면 사람은 움직이지 않는다

나는 구 일본 해군 연합함대의 야마모토 이소로쿠 사령장관을 존경한다. 내 집무실 벽에는 야마모토 사령장관의 사진이 걸려 있다. 그가 뒤에서 지켜보고 있는 상태로 일을 하고 있기 때문에 무언가 엉뚱한 짓을 한다면 노하지 않을까 하는 생각에 긴장감을 갖고 업무에 임하고 있다. 또한 나는 야마모토 사령장관이 남긴 여러 가지 명언을 좌우명으로 삼고 살아왔다.

"말하게 해서 들어보고, 시켜봐라. 칭찬하지 않으면 사람은 움직이지 않는다."

친절하게 가르쳐주거나 안내하지 않고, 본보기를 보여주면서 현장에서 시켜본다. 그 상황에서 유의해야 할 점은 확실하게 주의를 시키고 의식개혁도 함께 시킨다는 것이다. 나아가 이런 사람이 성과를 올려 회사에 공헌한 경우 칭찬뿐 아니라 특별 보너스를 주고 있다. 특히 사람을 칭찬할 때는 되도록이면 시간을 지체하지 않는 것이 좋다. 바로 칭찬해주면 칭찬을 받는 쪽도 한층 더 의욕을 보인다.

경영자로서의 마음가짐도 야마모토 사령장관으로부터 배웠다. 예를 들어, 그가 좌우명으로 삼고 있던 '상재전장(常在戰場, 늘 전쟁터에 있다)'이라는 말이 있다. 전쟁터에서는 한순간의 방심으로 목숨을 잃을 수도 있다. 기업을 경영할 때도 마찬가지로 언제 적이 엄습해올지 알 수 없다. 따라서 늘 전쟁터에 있다는 각오로 정신을 바짝 차려야 한다.

다음의 말도 내 마음속에 항상 새기고 있다.

"고난도 있을 것이다. 말하고 싶은 일도 있을 것이다. 불만도 있을 수 있다. 속이 터지는 일도 있을 것이다. 울고 싶을 때도 있을 것이다. 이러한 것들을 꾹 참고 가는 것이 남자가 가야 할 길이다."

행동이 따르지 않는 사람이 이런 말을 했다면 마음이 움직이는 일은 없을 것이다. 하지만 야마모토 사령장관이 말한다면 설득력이 있다. 수없이 많은 고난과 문자 그대로 '전쟁터'에서 싸워온 그이기에 이러한 말을 남겼을 것이다.

75
전쟁을 좋아하면 반드시 망하고, 전쟁을 잊으면 반드시 위험하다

야마모토 이소로쿠 연합함대 사령장관이 싸웠던 최대 전쟁터는 역시 태평양전쟁(1941~1945년)이다. 하지만 야먀모토 사령장관의 위대함은 그가 최후까지 전쟁을 반대했다는 점이다.

야마모토 사령장관은 미국 주재 무관으로 오랫동안 머물렀던 경험이 있어 미국의 국력을 잘 알고 있었다. 그렇기 때문에 미국과는 절대로 싸울 수 없다고 절실히 느끼고 있었다. 주전파主戰派의 육군을 조롱하는 뜻에서 "걸어서 태평양을 건너갈 수 있겠는가"라고 말하기도 했다.

1939년에는 다음과 같은 글을 남겼다. 원전은 중국의 병법서《사마법司馬法》의 한 구절이다.

"나라를 크게 만들겠다고 전쟁을 좋아한다면 반드시 망하고, 천하를 평안하게 만들겠다며 전쟁을 잊는다면 반드시 위험하다."

지금 생각해도 매우 설득력 있는 말이다.

그렇다 하더라도 일단 전쟁이 시작되자 야마모토 사령장관의 어깨에 전 일본 국민의 운명이 걸리게 된 상황이 됐다. 미국과의 전쟁은 야마모토 사령장관이 통솔하고 있는 해군의 전쟁이었기 때문이다.

내 손에는 1942년에 야마모토 사령장관이 휘호로 썼던 족자가 있다. 다이쇼 일왕이 지은 시가詩歌로 〈원주양상작遠州洋上作〉이라는 칠언절구의 시다.

이 시의 의미는 "늦은 밤, 군함에 올라 원주만을 통과하면, 명월이 휘영청 빛나고, 상념은 끝 모르게 깊어진다. 언젠가 일상의 염원이 다해 세계에 웅비하고 싶다"이다. '웅비'라는 뜻도 내가 야마모토 사령장관에게 배운 한 가지이다.

이 휘호를 쓴 다음 해 4월 18일, 야마모토 사령장관은 최전선인 라바울기지에 시찰을 나갔다가 전사했다. 이후 일본의 정세는 점점 더 불리하게 되었고 결국 패전으로 이어졌다.

76
간부 후보자에게 필요한 것은 비즈니스 현장에서의 풍부한 경험과 실적이다

회사 업무에서 학력은 관계가 없다는 게 내 경험의 결과이다. 물론 최소한의 학력은 필요하지만 어느 대학을 나왔는지 등 출신 대학을 따지는 것은 중요하지 않다. 신에츠화학에서는 사원을 채용할 때 출신 대학이 아닌 어디까지나 인물과 실력 중심으로 판단하고 있다. 최근에는 매년 80명 정도의 신입사원을 채용하고 있는데, 결과적으로 출신 학교에 치우치지 않는다.

또한 당사는 신입사원 채용과 함께 실무 경험이 있는 인재의 경력 채용을 실시 중이다. 면접만으로는 당사에 지원한 사람의 실무능력을 알 수가 없다. 그러나 타사에서의 경험, 다시 말해 그 사람이 축적해온 실적을 보면 실력을 판단할 수 있다.

입사 후에도 사원의 학력에 대해선 그다지 관심이 없다. 간부 후보자들을 미국으로 유학시켜 MBA를 취득하도록 하는 기업도 있으나 나는 찬성할 수 없다. 왜냐하면 기업 활동은 대학에서 배운 것으로는 불가능하기 때문이다. 간부 후보자에게 필요한 것은 MBA가 아니라 비즈니스 현장에서의 풍부한 경험과 실적이다.

MBA 보유자가 많은 미국에서도 실상은 똑같다. MBA 보유자뿐 아니라 11인의 노벨상 수상자가 있던 미국 기업들도 경영이 악화되어 타사에 흡수 합병된 사례가 있다. 신에츠화학의 미국 자회사인 신텍도 사원 채용 때 MBA 특채를 실시하지 않는다. 오로지 인물 중심으로 채용한다.

특히 미국인 상대의 면접은 매우 어려워 일본인으로서는 대응하기 쉽지 않다. 미국인은 프레젠테이션에 뛰어나고, 당당하기 때문에 일본인 입장에선 전원 '훌륭한 인재'라고 보기 쉽다. 미국에서는 면접관이 중요하기 때문에 신뢰할 수 있는 미국인에게 맡겨두는 것이 현지 채용을 손쉽게 할 수 있는 비결이다.

77

잘못된 교육이나 부서 배치는 인재를 썩히는 일이다

일본 기업 중에는 사원을 정기적으로 이동시켜 여러 부서를 경험시키는 곳이 많다. 이것이 '업무 순환' 시스템이다. 하지만 나는 이러한 일본적 관행을 불합리하다고 생각한다.

내가 사장으로 취임하기 전 신에츠화학에서도 신입사원을 우선 3년 정도 공장에 배속했다. 그러나 업무가 한가할 때 풀 뽑기를 시킨 사실을 알게 된 나는 곧바로 그 관행을 중지시켰다. 시킬 일이 없다면 공장에 3년이나 배속할 필요가 없는 것이다. 지금은 공장에 배속하는 기간을 최대한 짧게 하고 있다.

잘못된 교육이나 배치를 한다면 애써 채용한 인재를 육성하는 것이 불가능하다. 회사의 지시를 받아 풀 뽑기를 하는 등 수동적인 자세로 일하는 습관이 생기면, 그 사람의 성장 역량을 떨어뜨릴 수 있다.

영업은 10, 20년의 긴 시간을 통해 고객과의 '신뢰 관계'라는 귀중한 무형 자산을 쌓아가는 일이다. 그런데 업무 순환에 따라 빈번히 담당자를 교체한다면 그러한 무형 자산이 큰 손해를 보게 된다.

업무 순환이 아니라 어떻게 해서 이런 인재를 특정 부서에 배치하였는지 그 필연성을 늘 생각해야 한다. 그런 바탕 위에서 사원 스스로 배우고, 업무에 활용하는 기개를 갖도록 유도해야 한다.

나는 '교육을 위해'라는 이유로 순환 배치 인사를 실시하지 않는다. 예를 들어, 영업 외길로 성과를 낸 사원이 있다면 그대로 임원으로 승진시킨다.

임원으로서 필요한 전문 지식은 스스로 공부하면 된다. 임원이 되고 난 후에도 늘 자신의 역량을 키우기 위해 열정적으로 배움을 지속하는 기개는 꼭 필요하다. 바꿔 말해 자발성이 결여된 사원에게는 아무리 업무 순환과 같은 밥상을 차려줘도 임원으로서의 능력이 갖춰지지 않는다.

78
경영자는 따뜻한 마음을 지녀야 한다

　나는 합리적이고 속도감 있는 경영을 지향한다. 연공서열이나 파벌주의, 비교 등 일본 특유의 비합리적인 관행은 절대로 용인하지 않는다. 기업 경영은 합리적이어야 한다. 그렇다고 합리적인 것과 냉정함은 같은 것이 아니다. 경영자에게 따뜻한 마음이 없다면 회사는 발전할 수 없다.

　예를 들어, 마음이 냉정한 사람은 부하를 꾸짖지 않는다. 오히려 잘못을 옳다고 하고, 성장시키려 하지 않는다. 이런 사람은 부하가 실수했을 때 말 없이 갑작스런 인사 등을 통해 제재를 가한다. 냉정한 사람은 부하를 꾸짖는 일이 불가능하다. 미국에는 이러한 경영자가 있는 듯하다.

　예전에 나는 이러한 경영자 중 한 사람에게 "당신의 신체를 자르면

푸른 피가 흐른다. 그러나 나의 신체를 자르면 붉은 피가 흐른다"라고 말한 적이 있다. 농담으로 한 말이었지만 상대방은 화를 냈다. 그렇지만 미국에는 진심으로 그렇게 말하고 싶을 만큼 마음이 차가운 경영자들이 꽤 있다.

나는 부하가 실수를 하면, 본인 스스로 알아차리고 개선할 수 있도록 꾸짖는다. 그것이 경영자에게 필요한 따뜻함이라고 생각한다.

물론 몇 번씩 똑같은 것으로 꾸짖어도 개선이 불가능한 사람이라면, 인사人事로 엄중하게 대응할 때도 있다. 하지만 그러한 때에도 결코 제재의 목적이 아니라 다른 곳에서 재기할 수 있도록 마음을 쓰고 있다. 한번 고용한 이상 되도록이면 그 사람을 끝까지 돌봐주고 싶기 때문이다.

'귀수불심鬼手佛心'이라는 말이 있다. 합리적 판단을 내릴 때에도 '부처님 마음'이 없으면 안 된다고 하는 교훈이다. 냉정한 사람에게는 부하가 따르지 않고, 고객도 다가오지 않는다. 합리성의 뒷면에는 늘 부처의 마음을 품도록 해야 할 것이다.

79
성과를 올린 핵심 인재에게는 반드시 보상한다

좋든 나쁘든 일본인들은 팀워크를 매우 중시한다. 신에츠화학에서도 공功을 내세우는 사원은 없다. '모두가 같이 한 일'이라며 공을 서로 양보한다. 그러나 여기에서 경영자가 염두에 두지 않으면 안 될 것은 이 말을 문자 그대로 받아들여서는 안 된다는 것이다.

실제로 성공의 핵심을 쥐고 있는 인물이 있다. 그 핵심 인물을 파악하는 것도 경영자의 역할이다. 핵심 인물을 파악하는 것은 두 가지 점에서 의의가 있다.

첫째, 다음 업무를 위한 포석이 된다는 점이다. '저 사람이라면 이 일을 맡길 수 있다'라는 인재를 한 사람이라도 많이 확보해둬야 다음 업무를 준비하는 것이 가능하다.

둘째, 성과를 올린 인재에게 반드시 보상하는 일이다. 입으로는 "이 일은 모두가 같이 했다"라고 말해도, 실제로 현장 관계자들은 핵심 인재의 존재를 알고 있다.

만약 경영자가 그 핵심 인재를 제대로 평가하지 않는다면 핵심 인재는 물론 주변 사원들의 사기를 떨어뜨리는 결과를 초래한다. 부각되고 싶지 않다고 해도 챙길 것은 챙겨주고 정확하게 평가해야 한다. 이것이 일본인들의 속마음이다. 사실 평가하는 측도 매우 어려운 일이지만, 사원의 사기를 끄집어내기 위해서라도 경영자는 확실하게 핵심 인재를 평가해야 한다.

평가할 때 중요한 것은 금전적인 것뿐만 아니라 칭찬하고 경의를 표하는 일이다. 사원들이 열심히 일하는 의욕의 원천은 무엇보다도 사람들로부터 인정받는 것이다.

물론 금전적인 인센티브도 중요하다. 과거 일본 기업들은 애사정신에 의지해 적은 월급을 주고 사원들에게 일을 맡겼다. 하지만 이러한 낡은 논리는 더 이상 통용되지 않는다.

내가 사장이 된 뒤 신에츠화학도 실적주의를 철저히 하고 있다. 연공서열을 유지할 아무런 이유가 없다.

80
경직된 사고를 버리고 유연하게 생각하라

'대기업병'이라는 표현을 자주 듣는다. 대기업은 조직이 비대하고 관료주의가 만연하기 쉽다. 비효율적으로 경직된 업무 방식이 확산될 가능성도 크다.

이러한 대기업병은 반드시 규모가 큰 기업에 국한된 이야기는 아니다. 회사 규모와 관계없이 과거부터 먼지처럼 쌓인 습관이나 전례가 많은 일본 기업들의 경쟁력을 갉아먹고 있다.

1926년에 설립된 신에츠화학도 예외가 아니었다. 나는 1990년에 사장으로 취임했는데 그때는 회사가 온통 대기업병에 걸려 있었다. 많은 사원들이 의문을 갖지도 않고 습관이나 전례를 답습했다.

나는 입사 당시부터 사내의 여러 가지 관습에 대해 의문을 갖고 있었다. 그래서 사장에 취임하자마자 불합리한 관습을 개선하도록 했다. 동시에 사원들에게 의식개혁을 강조했다. 기업체질을 강하게 만들기 위해서라도 반드시 '대기업병'을 극복하지 않으면 안 되었다. 그러기 위해서는 무엇보다도 의식개혁이 먼저 필요하다. 그것을 촉진시키는 것이 경영자의 중요한 역할이다.

똑같은 일을 해도 무의식중에 행동을 보수적으로 하는 경향이 있다. 이럴 경우 사물을 보는 생각이 경직되기 쉽다. 자신이 하던 일을 멈추거나 새롭게 수정하려고 하지 않는다. 지금까지의 습관을 무비판적으로 옳은 것이라고 생각해버린다. 개혁을 단행하기에 앞서 장애가 되는 것은 바로 그런 경직된 사고다. 나는 특히 젊은 사원들에게 경직된 두뇌를 부드럽게 하는 힌트를 주었다.

어느 날 한 회의에서 젊은 사원이 어떻게 해도 일이 잘 진행되지 않는 이유를 여러 가지 열거하더니 "따라서 불가능합니다"라고 결론 내렸다. 그때 문제를 해결하기 위해 내 생각을 말했더니, 그 사원은 마치 허를 찔린 듯한 얼굴이었다. 당시 나는 이렇게 말했다. "생각의 유연성은 내가 20대이고, 자네가 80대이네." 그러한 논의를 지속해 사원들 스스로 사고와 일의 진행 방식을 보완해 업무를 개선하도록 했다.

단지 수정하라고 지시만 할 경우, 사원들에게 효과가 없다. 그들의 의식부터 전환시킨 후 나쁜 상식을 뒤집는 지적이 중요하다.

81
머리를 항상 풀가동하려면 충분히 자야 한다

내 건강의 비결은 잘 자는 것이다. 나는 충분한 수면을 취하는 일을 매우 중요하게 생각한다. 경영뿐 아니라 모든 일을 할 때 발상과 아이디어는 중요하다. 이를 위해서라도 잠을 제대로 자고, 머리 회전이 잘 되는 상태로 만들어야 한다. 정말로 잘 잤다고 생각되는 날에는 분명 머리 회전이 다르다. 맑은 상태의 머리를 유지하면 차례차례로 좋은 발상이 떠오른다.

수면 시간은 푹 잔다면 6시간으로 충분하다. 중요한 것은 수면 시간을 길게 하는 것이 아니다. 깊은 잠을 자는 것이 업무 효율성을 극대화시킨다.

물론 업무적으로 고민이 많을 때는 좀처럼 잠들기 어려울 수 있다. 이럴 땐 잠들기 전에 스트레칭 등 가벼운 운동을 해서 신체를 적당히 피곤하게 만들면 잠드는 데 좋다. 나는 요통 운동의 일종인 '윌리엄스 운동'을 지속적으로 하고 있다. 허리를 뒤로 젖혔을 때 통증을 느끼는 사람에게 효과적인 운동으로 알려져 있다.

또한 양질의 수면을 취하고 머리를 맑은 상태로 만들기 위해서는 토요일을 활용하는 방법도 있다. 평일에 무리해서 근무를 하면 수면 부족이 되기도 하고 피로가 쌓인다. 그렇게 되면 좋은 발상이 떠오르지 않는다.

업무가 많을 경우 토요일에도 집에서 일을 한다. 주말 이틀이 완전히 없어져 버리지만 침착하게 생각하는 것이 가능하기 때문에 장점도 있다.

회사를 우량 기업으로 만들기 위한 방법을 생각하고, 실행하는 것이 나의 일이다. 그렇게 하기 위해 필요한 일이라면 시간과 장소를 따지지 않는다. 늘 연필과 메모지를 준비하여 아이디어를 적는다. 출퇴근 도중이나 밖에서 걷고 있을 때 생각하는 경우도 있다. 침실에서 생각에 골몰할 때도 있다.

82
장래의 손실을 걱정하라

나는 "장래의 손실을 걱정하라"는 말을 자주 한다. 물론 '장래의 손실을 걱정하지 말라'는 말을 부정하는 것은 아니다. 그 말은 곧 용감하게 도전하라는 의미로, 말 자체는 전향적이고 나쁘지 않다. 내가 한 말의 의미는 손해를 용납하지 않는다는 의미다.

나는 젊은이들에게 "장래의 손실을 걱정하지 마라. 공부라 생각하고 마음껏 해봐라"라는 말을 자주 한다. 그렇다고 해서 다소 손해를 보아도 좋다는 뜻은 아니다. 어느 정도의 경계심은 필요하다.

업무를 할 때도 장래의 손실에 대해 걱정하지 않는 태도가 필요한 경우가 있는 반면 장래의 손실을 걱정해야 하는 경우가 있다. 업무의 내용과 상황에 따라 각기 취해야 하는 태도가 있는 것이다.

예를 들어, 연구자는 장래의 손실을 걱정하지 않는 자세가 필요하다. 연구 과정에서 실패를 두려워한다면 새로운 제품이 나오는 것이 불가능하기 때문이다. 앞날의 손실을 두려워하지 않고 획기적인 발명이나 혁신적인 제품 개발을 향해 커다란 도전을 해야 한다.

그러나 사업화를 진행하는 단계에서는 앞날의 손실을 걱정할 필요가 있다. 사업화의 경우 '어느 정도 손실을 내도 괜찮다'는 생각이 있다면 실패할 가능성이 크다. 사업화에 실패할 경우 발생하는 손실 규모는 매우 크다. 만일 '공부를 위해서'라는 이유로 잘못된 투자를 한다면 커다란 손실이 나기 쉽다.

예를 들어, 젊은 사원 10명이 각각 10억 엔씩 손해를 본다면, 총 100억 엔의 손실이 난다. 따라서 다가올 손실을 두려워하지 않는 자세로 사업을 하면 자칫 경영의 근간을 흔들 수 있다.

이렇듯 회사에서는 절대로 손실을 허용해선 안 되는 경우가 있다. "장래의 손실을 걱정하라"는 말을 늘 마음 깊이 새겨야 한다.

83

능력이 있는 사람에게는 갑절의 업무를 주어 육성한다

사람을 육성하기 위해 신경 쓰는 일이 두 가지 있다. 첫 번째, 능력을 끝까지 지켜보는 일이다. 능력이 있는 사람은 과거 실적을 보면 알 수 있다. 두 번째, 그렇게 해서 발탁한 능력 있는 사람에게 능력 이상의 업무를 주어 성장시키는 것이다. 물론 '이 사람이라면 괜찮다'라고 판단한 사람에 한해서이다.

예를 들어, 능력은 있지만 의욕이 낮은 사람에게는 많은 업무를 주어도 육성하고자 하는 방향으로 이어지지 않는다. 반면 능력이 있고 의욕도 있는 사람에게는 갑절의 일을 주고 있다. 만일 그 사람의 능력이 현재 100이라면 150이나 200의 목표를 준다.

언뜻 보기에 지나친 방법이라고 생각할지 모른다. 하지만 100의 능력을 가진 사람이 100의 업무를 하고 있을 때는 바쁘게 보여도 실제로는 여유가 있다. 거기에 150이나 200의 일을 부여한다면, 머리를 쓰고 시간 낭비를 줄여 더 효율적인 업무를 하게 된다. 결과적으로는 200의 일도 가능한 능력이 몸에 붙어간다.

나 또한 그러한 방법으로 경영자로 육성되어 왔다. 해외사업본부장으로 세계를 뛰어다니던 당시, 일본 내 PVC 사업 재건의 임무도 명받았다. 정말로 100의 능력에 대해 200의 목표를 부여받은 것이다.

그때 당시 오다기리 신타로 사장은 다음과 같이 말했다. "자네가 이미 죽을 만큼 바쁘다는 것은 잘 알고 있네. 그렇다 해도 지금 이대로라면 회사가 운영될 수 없으니 잘 부탁하네."

그 후 나는 업무의 우선순위를 엄격하게 정해 보다 효과적으로 시간을 쓰기로 했다. 예를 들어, 단 5분이라도 비효율적인 일은 하지 않게 됐다. 결과적으로 이전과 비교해 2배나 되는 업무를 소화할 수 있게 됐다.

회사의 역량을 결정하는 요인 중 한 가지는 바로 윗사람의 업무 역량 수준이다. 역량이 높은 사람을 얼마나 많이 육성하느냐가 회사의 운명을 결정한다고 해도 좋다. 능력이 많은 사람을 한 사람이라도 더 늘리기 위해서라도 능력 있는 사람에게 갑절의 업무를 주어 육성하는 것이 최고다.

84
사원이 의욕적으로 일할 수 있는 기회를 만들어준다

신에츠화학은 연공서열이 아닌 실적주의를 철저하게 지키고 있다. 또 한편에선 사원을 소중히 여겨 종신고용을 견지하고 있다. 우수한 사원의 의욕을 끌어내기 위해선 실적주의가 꼭 필요하다. '구조조정은 하고 싶지 않다'는 나의 신념에 따라 종신고용은 유지하고 있다.

경영자가 가장 해서는 안 될 일은 경기가 좋을 때는 필요 이상으로 사람을 채용하고, 경기가 나빠지면 '합리화'를 명목으로 쉽게 구조조정을 하는 것이다. 나는 이러한 일을 하지 않았다.

이렇게 말하면 '실적주의와 종신고용제는 상반되는 것이 아닌가?'라고 의문을 갖는 사람이 있겠지만 그렇지 않다.

'실적주의'와 '종신고용'은 상반되지 않는다. 원래 사람은 의욕을 느끼면 열심히 일한다. 만일 착수해볼 만한 의욕도 없는 사원이 있다면 그것은 채용한 쪽의 책임이다. 즉 경영이 확실히 되고 있다면, 실적주의 때문에 회사에서 탈락하는 사원이 속출하는 일은 없다.

　신에츠화학은 회사 규모, 매출, 해외사업소를 점점 더 확대하고 있다. 항상 사람이 더 필요한 상황이다. 이러한 상황을 만들어 한층 더 회사를 키워가는 것이 경영자의 업무이다. 경영자가 사업을 확대해야 사원이 활약할 수 있는 공간이 늘어나게 된다.

　어떤 업무에서는 성과를 낼 수 없던 사원도 또 다른 일에서 활약할 수 있다. 그러한 기회를 만들어주는 것이 경영자의 존재 이유다. 사업이 견실하게 성장해 항상 사람이 부족한 상황이라면 종신고용의 폐해가 생기지 않는다. 젊은이의 도전 기회를 빼앗거나 나이가 들어가면서 업무 의욕이 떨어지는 일도 없다.

　사람은 누구라도 해볼 만한 일을 맡기면 반드시 결실을 낸다. 사원이 의욕을 느낄 수 있는 상황을 만드는 것이 경영자의 역할이다.

85
경영도 건강관리도 기본은 같다

"경영자로서 피곤하지는 않습니까?"라는 질문을 받는 경우가 있다. 그러나 나에게 일은 보람이고, 경영자인 것이 피곤하다고 생각한 적은 전혀 없다. 또한 개인적인 시간을 갖지 않는다고 해서 초조해하지도 않는다.

대부분의 경영자들은 격무나 스트레스로 피곤하다고 생각하겠지만 나는 그처럼 느낀 적이 없다. 다만 피곤함을 모른다고 해도 수면시간을 줄여 일할 경우 당연히 졸릴 때가 있다. 이럴 땐 정확한 경영판단을 내리는 것이 불가능하다. 때문에 잠은 꼭 충분히 자고 있다. 사원들에게도 "잠은 충분히 취하고, 머리가 잘 돌아갈 수 있도록 하세요"라고 말한다.

이와 같이 일의 보람을 느끼며 매일매일 '늘 전쟁터에 있다'는 마음가짐으로 임하고 있다.

　나는 지금껏 건강한 인생을 보내왔다고 생각한다. 건강 비결을 소개하자면, 기업 경영의 리스크 매니지먼트와 똑같이 건강에 대해서도 리스크 매니지먼트를 하라는 것이다. 기업 경영도, 건강관리도 '변화를 재빨리 간파해 빌 빠르세 대처해야 한다'는 점에서는 같다.

　나는 항상 사원들에게 "사업에 이상한 점이 있다면 재빨리 보고하라"고 강조한다. 사업의 이상은 마치 병病과 같아서 조기 발견하면 치료가 가능하다. 그러나 때를 놓치면 어떠한 명의라도 고칠 수 없다.

　솔직히 말해, 나는 50대 전까지 건강에 무관심했다. 30대에는 매일 밤늦게 귀가했고, 40대에도 덮어놓고 일만 했다. 그러나 50대가 되고 나서 본격적으로 건강관리에 주의하게 됐다. 게다가 60대 이후에는 식사에 신경을 쓰는 등 건강관리에 한층 더 세심한 주의를 기울이기 시작했다.

86
건강상 이상을 느낄 때 바로 상담 가능한 주치의를 만들어라

주주로부터 경영을 위임받은 사장으로서 항상 몸 상태를 건강하게 유지하며 매일매일 업무에 만전을 기해왔다. 매일 긴장하면서 업무를 보려면 건강관리가 중요하다. 치료 시기를 놓치면 어떠한 명의도 고칠 수 없다. 따라서 건강상 마음에 걸리는 일이 있을 때 바로 상담이 가능한 주치의가 필요하다.

나의 형인 가즈히코는 오사카의 기시와다시립병원 원장으로 오랫동안 근무했다. 형이 세상을 떠나기 전에는 무엇인가 몸 상태에 염려할 만한 일이 있으면 언제든 상담을 했다. 형의 적절한 조언 덕분에 지금까지 건강하게 지낼 수 있어 감사하고 있다.

지금은 여러 전문의를 주치의로 두고 상담할 수 있도록 하고 있다. 신에츠화학의 담당 의사인 고바야시 요시야 선생에게도 늘 신세를 지고 있다.

매년 건강검진을 받고 있지만 매월 추가적으로 주치의의 검진을 받고, 혈액검사도 하고 있다. 검사 결과 이제껏 특별한 이상은 없다. 또한 나는 의사의 지시를 확실하게 따르는 편이다. 의사의 지시나 주의는 곧 나 자신을 위한 것이기 때문이다.

식사에도 주의하고 있다. 아침식사로는 삶은 달걀 한 개와 토마토, 점심은 고객과의 회식이 없는 날은 몸에 좋은 식재료를 사용해서 시판하는 도시락을 먹는다. 나는 술을 싫어하진 않지만 지금은 고객과의 회식자리에서 요리와 함께 조금 마시는 정도로 절제하고 있다.

원래는 술에 강했지만 지금은 아주 조금만 하고 있다. 술에 취하는 대신 즐거운 식사와 함께 이야기를 주로 하는 편이다. 젊었을 때는 폭음도 했지만 요즘은 그렇게 마시는 일이 없다. 숙취를 하면 경영자로서의 책임을 다하지 못한다.

건강관리를 위해 매일 되도록이면 많이 걷는다. 걷는 것은 체력 증진에 좋다. 평소 몸을 단련하고 부지런히 체력 증진에 힘쓴다면, 만약 병을 얻는다 해도 빠른 회복이 가능하다.

87
자동화된 공장은 인간에게 유익하다

요즘 AI인공 지능 때문에 인간의 업무를 빼앗기고 있다는 말이 자주 나온다. 기계화, 자동화로 인해 인간이 소외되고 있다는 지적은 산업혁명 이후 줄곧 반복돼왔다.

나는 '자동화된 공장은 인간에게 유익하다'라고 생각하는 편으로, 실제로 적극적인 자동화를 추진해왔다. 신에츠화학의 미국 자회사인 신텍은 1974년 조업 개시 당시부터 제조공정에 컴퓨터를 도입했다. 컴퓨터 활용이 아직 신기한 시대에 기본 설계 단계부터 공장 자동화를 진행했던 것이다.

내가 자동화에 관심을 가진 것은 안전성 향상을 생각했기 때문이다. 특히 신텍 같은 화학 플랜트에는 안전 문제가 매우 중요하다.

예를 들어, 직원이 밸브를 개폐하는 작업은 체력을 많이 소모한다.

만약 인위적인 실수가 발생할 경우, 커다란 사고로 이어질 수 있다. 자동화가 가능한 부분은 자동화를 도입해 사람의 부담을 줄였다. 대신 사람이 없어서는 안 될 창조적인 업무, 머리를 쓰는 일은 직원들이 하도록 했다. 작업이 아니라 머리로 생각하는 일을 하게 하면 직원의 역량도 올라간다.

공장 자동화는 인재 육성으로 이어지고 있다. 또한 고용을 유지하는 일과도 연계된다. 일반적으로 공장을 자동화할 경우 그때까지 일하던 사람이 나가야 되는 상황이 벌어질지도 모른다고 생각할 것이다. 그러나 신텍에서는 초기부터 자동화가 가능한 부분은 자동화를 진행했고, 정말 필요한 인원만 채용했다. 때문에 불경기가 와도 구조조정을 할 필요가 없었다.

만약 공장을 자동화하지 않은 회사라면 많은 사람을 고용해야 한다. 호경기라면 상관없지만 불경기가 되면 사람이 남아돈다. 불경기가 길어지면 구조조정은 피할 수 없다. 그런 의미에서 자동화되지 않은 공장은 사실상 사람에게 불리한 것이다.

88
일본은 고도의 지능집단·기술 집단이 돼야 한다

글로벌 경쟁이 점점 더 치열해지고 있다. 기업 단위가 아닌 일본 국가 전체는 어떻게 해야 살아남을 수 있을까? 외람되지만 사견을 말해보고 싶다. 결론부터 말하자면 일본은 세계의 소수 정예 집단이 되어 부가가치가 높은 산업을 발전시켜나가야 한다.

나는 신에츠화학을 경영할 때 '소주 정예주의'로 세계를 상대로 경쟁해왔다. 일본이라는 나라 전체에 대해서도 똑같이 말할 수 있다. 일본의 부가가치가 높지 않은 산업은 중국이나 동남아시아 국가들과 경쟁 관계에 있다. 그러나 인건비를 고려하면 일본이 이길 승산은 없다.

공장부지의 단가나 전기료 등을 감안하면 일본이 한층 더 불리해진다. 부가가치가 높지 않은 산업은 이미 일본에서 해외로 생산거점이 이전되고 있다. 이러한 흐름은 앞으로도 변하지 않을 것이다. 만약 부가가치가 높지 않은 산업에만 의존한다면 일본의 산업은 더 빠른 속도로 공동화가 진행되고, 국가 또한 쇠퇴의 길로 들어설 것이다.

　이러한 사태를 피하기 위해서라도 일본은 부가가치가 높은 산업을 발전시켜나가야 한다. 중국이나 동남아시아의 나라들보다도 현격히 높은 부가가치를 창출하지 못하면 일본은 생존할 수 없다.

　다시 말해 일본은 고도의 지능집단·기술집단이 돼야 한다. 고도의 기술이나 제품을 개발해 특허와 수준 높은 노하우를 구축해야 한다. 그러면 값싼 해외 제품과는 다른 차원에서 경쟁 우위를 차지할 수 있다.

　일본을 고도의 지능집단·기술집단으로 만들기 위해선 교육을 충실히 하는 게 기본이다. 또 민간기업의 활동을 더욱 자유롭게 하여 창의적인 사업 전개에 장애가 되지 않도록 하는 것이 중요하다. 법인세 감면이나 에너지 비용 삭감, 공장 취득 등의 절차나 규제를 개혁하는 대담한 정책이 필요하다.

PART 5

인생과 만남

89
나는 어려서부터 우등생은 아니었다

내가 상장회사의 '경영자' 직함을 갖고 있기 때문인지는 몰라도 어렸을 때부터 우등생일 거라고 생각하는 사람도 많다. 그러나 나는 결코 말을 잘 듣는 아이가 아니었다.

나는 1926년 조선의 대구에서 태어났다. 나가노현 출신 아버지가 그곳에서 재판관으로 부임했기 때문이다. 어릴 적 나는 산과 들을 돌아다니며 놀았고 싸움도 자주 했다. 늘 상처를 달고 살았기 때문에 단골 병원에 가면, 의사는 기가 막힌 듯 "또 상처가 났구나. 이번에는 무엇을 했느냐?"라고 말하곤 했다.

중학생이 된 후에도 나는 침착한 학생이 아니었다. 굳이 어느 쪽이었냐고 한다면 악동 부류에 속했다고 생각한다. 나는 조선의 경성(현재의 서울)에 있던 경성중학교(현 서울중고등학교)에 다녔다. 자주 복도에서 벌을 서기도 하고, 선생님에게 주먹으로 쥐어 박히기도 했다.

당시는 전시체제여서 군사교련 시간에는 군대와 같은 훈련을 받았다. 총을 들고 끝없이 행진을 했기 때문에 무의식중에 졸음이 온다. '우등생'이라면 필사적으로 눈을 뜨려고 했겠지만, 나는 자고 싶어서 서 있는 상태로 자는 방법까지 고안해냈다.

학업 면에서도 순조롭다고 말할 정도는 아니었다. 중학교 4학년일 때 제6고등학교(현 오카야마대학)에 시험을 보았지만, 처음에는 문과 시험을 보고 불합격했다. 당시 중학교는 5년제로, 4학년이 고교 시험에 합격하는 경우는 일부에 불과했다.

그 후 5학년 때 문과에 재도전해 1차 시험에 합격했고 2차 시험에서 떨어졌다. 재수 생활을 하다가 세 번째로 도전했으나 문과 모집이 중단됐다는 정보를 얻었다. 급히 이과로 전환하여 시험을 치렀다. 이때는 정말 필사적으로 공부했다. 매일 밤 2시까지 열심히 공부한 결과, 세 번째는 정식으로 합격할 수 있었다.

90
혹독한 일을 체험했기에 확신을 갖고 실행할 수 있게 됐다

나는 젊었을 때부터 주식투자에 빠졌다. 고등학교 시절 선배였던 증권맨에게 기초 지식을 배웠다. 가격 변동이 큰 투기 매매(프로 투자가에 의해 주가 조작이 되는 주식 종목-옮긴이)에도 손을 댔다. 나는 월급의 5~10배에 달하는 주식을 상시 보유할 만큼 투자에 열중했다.

기업 실적 연구에 몰두해 과거 시세변동을 나타내는 K선(주가 차트-옮긴이)의 분석에도 열중했다. 투자가의 심리를 반영하는 K선에는 정석이 있다는 말을 듣고, 책을 읽으며 공부했다.

연구를 열심히 한 결과 주식투자는 4~5년간 계속해서 이익을 냈다. 나는 완전히 공중에 붕 뜬 기분이었다. 주위 사람들도 "상승장군常勝將軍"이라며 치켜세웠다. 그렇지만 주식투자는 그렇게 쉬운 것이 아니다.

예를 들어, 거의 모든 승부에서 이긴다 해도 나머지 승부에서 큰 실패를 한다면 그때까지의 모든 이익이 한순간에 없어진다. 나도 그때까지 투자한 종목의 80%에 대해 승리하였으나 나머지 20%에서 커다란 실패를 했다. 결국 4~5년 걸려 번 돈을 단 1~2개월의 실패로 모두 잃었다.

또한 차입금으로 주식투자를 실행하는 신용거래도 있었기 때문에 증거금(신용거래로 투자한 종목의 가격이 떨어졌을 때 필요로 하는 추가금-옮긴이)을 내야 하는 처지로 전락하고 말았다. 이를 계기로 다시는 주식에 손을 대지 않겠다고 맹세했다.

나는 신에츠화학에서 본업 이외의 머니게임에 일체 손을 대지 않았다. 공리공론이 아니라 주식투자로 심각한 손해를 보고 투기의 공포를 몸소 체험했기 때문이다. 이처럼 절실한 체험이 있었기에 확신을 가지고 실행할 수 있게 됐다.

91
제조업에 대한 동경심이 회사 전직의 계기가 됐다

나는 대학 졸업 후 신에츠화학에서 일하기 전 극동물산에 취직해 12년 동안 근무했다. 극동물산은 내가 재직하는 동안에 합병을 반복, 현재의 미쓰이물산이 됐다.

내가 10년 이상 근무하면서 신세를 진 회사를 그만둔 것은 두 가지 이유 때문이다.

첫째는, 계속되는 합병으로 사내 분위기가 나빠졌고 여러 가지 알력이 생긴 탓이다. 그러한 어수선함에 염증이 났다. 극동물산은 전쟁 이전에 미쓰이물산이었다. 하지만 전후의 재벌 해체로 인해 미쓰이물산은 분열됐고, 그중 하나가 바로 극동물산이었다.

그러나 GHQ(general headquarters, 일본이 제2차 세계대전에서 패한 이후 1945년 10월 2일부터 샌프란시스코 강화조약이 발효된 1952년 4월 28일까지 6년 반 동안 일본에 있었던 연합군의 최고사령부-옮긴이)에 의한 점령이 종료됐을 때, 구 재벌계 기업은 재통합 움직임이 활발해졌다.

연합군의 점령 종료뿐만 아니라 한국전쟁 특수가 끝난 것도 큰 영향을 미쳤다. 1950년에 한국전쟁이 일어난 뒤 일본 경제는 전쟁 특수로 끓어올랐다. 하지만 다음 해에 정전 협상이 시작되는 순간 국제 제품의 시세가 폭락했다. 특히 3대 혁신품으로 불리던 고무, 피혁, 유지 원료 등은 큰 폭으로 떨어졌다. 많은 상사가 타격을 입었고, 극동물산의 실적도 악화됐다.

이런 와중에 합병에 의한 업계 재편이 진행됐다. 1953년 극동물산은 구 미쓰이물산계의 2위 회사와 합병, '제일통상'이 됐다. 이어 1955년에 구 미쓰이물산과 합병하면서 구 미쓰이물산계 회사의 '대통합'이 완료돼, 현재의 미쓰이물산에 이르고 있다.

계속되는 합병 과정에서 극동물산은 언제나 흡수되는 쪽이었다. 흡수하는 쪽의 입장이 강하기 때문에 흡수되는 쪽의 상황은 참담하다. 특히 내가 입사 이후 많은 신세를 졌던 구 극동물산의 관리부 직원들의 괴로움은 매우 컸다.

그때까지의 업무를 부정할 수밖에 없는 일도 있어났다. 예를 들어, 거래처가 중복되는 경우 흡수된 쪽이 떨어져 나가기 쉽다. 충실하게 업무를 해서 관계가 좋아진 고객과도 쉽게 갈라서게 되었다.

합병 와중이라 구차한 생각이 들었던 나는 파친코 가게에 들어가 시간을 보내기도 했다. 일시적으로는 파친코가 생활의 전부가 되어 파친코 프로가 될까 하는 생각을 한 적도 있다.

전직을 하게 된 또 다른 이유는 업무에 대한 열의가 식은 탓이다. 필사적으로 인맥을 동원해 제품을 판매해도 "품질이 나쁘다"라고 하며 퇴짜를 놓는 경우가 있다. 그런데 제품을 취급하는 메이커에게 품질 개선을 요구해도 상대해주지 않는다. 제품의 기능 자체에 관여하는 것은 상사에서는 어려운 일이었다. 때문에 늘 무언가 답답하고 아쉬운 느낌이 들었다.

철강부서에 있을 당시 합금을 판매하려고 할 때의 일이다. 고등학교 선배에게 부탁해 소개받은 고객을 여러 차례 방문했지만 결국 이렇게 말하는 것이었다.

"무더운 날씨에 몇 번이나 방문해줘서 고맙지만, 정말로 미안합니다. 이런 품질로는 구매할 수가 없습니다."

인맥만을 생각한다면 상대도 내심 '구매해주고' 싶었는지도 모른다. 그러나 결국 사업에서 중요한 것은 제품과 서비스의 질이고, 그것에서 생겨나는 신뢰이다.

이러한 경험에서 인맥에만 의지해 추진한 사업은 한계가 있다고 생각하게 됐다. 만일 메이커라면 클레임을 받아도 자신들의 손으로 제품을 개선하는 것이 가능하다. 결국 합병의 어수선함보다도 제품을 만드는 것에 대한 동경이 나를 전직으로 이끌었다.

그래서 1962년 2월, 지인의 소개로 신에츠화학으로 이직했다. 36세의 전직이었다. 신에츠화학에서는 해외사업부 사업과에 배속되어 부장이 되었다. 전후 나는 매일 아침 NHK라디오를 청취하면서 영어 공부를 계속했지만, 극동물산 시절에는 해외에 나갈 기회가 없었다.

때문에 새로 들어간 신에츠화학에서는 꼭 국제적인 업무를 하고 싶다고 요청했다. 덕분에 신에츠화학에서는 세계를 돌아다니며 영어를 맘껏 사용할 기회를 누렸다.

또한 메이커로서 고객의 요청을 항상 피드백하며 자신감과 품질의 원칙을 갖고 제품을 판매할 수 있었다. 전직은 그야말로 대성공이었다.

92
긴장을 풀고 즐기는 자세가 업무에 도움이 된다

나는 1962년, 중도 채용으로 신에츠화학에 입사했다. 그때까지 내 나름의 방식대로 영어 공부를 열심히 해왔다. 국제 업무를 희망해 해외사업부에 배속됐다. PVC 제조기술을 판매하기 위해 아시아의 필리핀, 인도, 파키스탄을 비롯해 유럽 등 세계 각지를 돌아다녔다.

업무 중에 짬짬이 세계 각국의 카지노에도 가봤다. 나는 특히 룰렛을 좋아했다. 룰렛 휠의 원리를 알아내려고 연구까지 해봤을 정도다. 처음에는 크게 이겼으나 결국 아무것도 남지 않았다. 그러나 얼마를 잃든지 간에 항상 택시비만은 남겨뒀다.

여권과 항공권, 그리고 최소한의 돈만 있으면 죽지는 않는다. 다소 어이없다고 생각할지 모르지만 카지노에서의 경험이 회사 경영에 많은 도움이 됐다. 투기 리스크, 과신이나 자만에 따른 실패, 물러날 때를 끝까지 지켜보는 방법 등 많은 것을 배울 수 있었다.

또한 업무에 대한 대처 방법의 관점에서도 배울 부분이 있었다. 카지노에선 긴장해 시야가 좁아지면 점점 더 나쁜 쪽으로 운이 틀어져버린다. 나의 부하 직원 중에도 막다른 골목에 다다른 것처럼 업무에 빠져 있는 친구들이 가끔 있다.

그런 상황에서는 사람의 본래 역량이 발휘되기 어렵다. 업무도 긴장을 풀고 쉬지 않는다면 이기는 것이 절대 불가능하다. 따라서 나는 늘 직원들에게 "긴장하지 말게"라고 말한다. 긴장을 풀고 오히려 일을 즐기는 마음을 갖는 것이 중요하다. 어떠한 격무라도 업무를 즐겨야 에너지가 샘솟고, 성공하는 게 가능하다.

93
10대들과 경쟁해보았다

약 10년 전, 미국에서 자동차 운전면허를 취득했다. 그렇지만 첫 면허가 아니라 세 번째로 취득한 것이다. 첫 번째 면허는 1970년대에 캐나다 몬트리올에서 취득했다. 광활한 북미에서는 자동차를 탈 기회가 많을 것이라는 생각에서 면허를 취득했으나 의외로 기회가 적어 곧바로 '장롱면허'가 되고 말았다.

10년 후, 동일 장소에서 면허를 새로 받았다. 그 뒤로는 호텔에서 사무실로 이동할 때 자동차로 운전했다. 그러나 그 면허도 2006년 3월에 유효 기간이 만료됐다. 새로 취득할 것인지, 말 것인지를 생각해야 했다. 주위에서 "무리한 운전은 하지 말고 회사에서 기사를 고용하면 된다"라고 했지만, 다른 사람이 운전하는 것은 오히려 신경이 쓰여 피곤하다는 생각이 들었다.

그런데 정작 시험을 볼 때 교통법규 등을 많이 잊어버렸다는 것을 깨달았다. 그래서 같은 해 7월 22일과 23일의 토, 일요일을 이용해 1일 10시간, 합계 20시간 정도를 필사적으로 교통 관련 지식을 암기했다. 그야말로 벼락치기 공부를 한 셈이었다.

다음 날인 24일, 미국 텍사스주 앵글톤으로 시험을 보러 갔다. 주위에 있는 시험 응시자는 대부분 10대 젊은이였다. 조금은 불안한 생각을 하면서 시험을 봤다. 구두시험과 실기시험을 합쳐 2시간의 시험을 마쳤다.

결과는 합계 95점으로 충분한 점수였다. 합격점인 70점을 여유롭게 넘겨 수험자 중에서도 최고점에 가까운 고득점이었다. 결국 10대와 경쟁해 지지 않았다. 나로서도 놀라운 결과였다. 1926년생인 나는 젊은이에게 '아직은 지지 않겠다'고 생각하고 있다.

예를 들어, 암산에서는 사내의 그 누구에게도 지지 않는다. 월 매출을 12배로 하여 연간 매출을 산출하는 곱셈도 나는 암산으로 바로 한다. 나눗셈으로 퍼센트를 내는 것 또한 대부분 암산으로 해결한다.

내가 암산으로 답을 내면, 옆에 있는 젊은 사원이 아직도 계산기를 부지런히 두드린다. 무의식중에 "좀 더 좋은 계산기를 사세요"라며 농담을 한 적도 있다.

물론 젊은이에게 심술을 부려 경쟁하려는 것은 아니다. 나이와 상관없이 모두 똑같은 동료이고, 함께 성공을 목표로 하는 마음으로 매일매일 그들을 만나고 있다.

업무에 대한 의식이라는 관점에서 나는 아직 유연하다고 생각한다. 가끔 "나이는 자네들이 훨씬 젊지만, 생각은 내가 더 유연할 걸세"라고 젊은 사원들에게 말하기도 한다.

나이는 젊지만 전례나 습관에 사로잡혀 스스로 생각하지 않는 사원도 있다. 문제점을 지적받아도 '작년에도 똑같이 했기 때문에'라고 이유를 대는 사원에게는 "자네 머리는 노화되었군. 내 머리가 훨씬 생기 있네"라고 말하기도 한다. 의식의 변화에 일침을 놓는 것이다. 두뇌의 유연성에는 늙음도 젊음도 없다.

회사의 성장에도 탐욕이 필요하다. 지금도 매일매일의 업무에서 회사를 한층 더 성장시키는 일에 의식을 집중하고 있다. 그러한 마음이 있었던 덕분에 지금까지 역경을 이겨냈는지도 모른다. 만약 어찌 되든 상관없다는 마음이었다면, 전혀 다른 인생이 되었을 것이다.

일본은 작은 나라로 자원도 없다. 국내 역량만으로는 스스로 자립할 수 있는 것이 불가능한 나라이다. 해외로 계속 나가 좋은 것을 도입해오는 것이 필요하다.

최근 젊은이들이 국내를 지향하고, 해외로 나가고 싶어 하지 않는다는 이야기를 듣는다. 해외 유학이나 해외 부임도 싫어한다는 것인데 매우 안타까운 일이다. 앞으로 더 많은 사람들이 해외로 나가 많은 것을 흡수해 개인적으로나 국가로서 더욱 강해지길 희망한다.

94
사치를 위해 일하지 않는다

여러분들은 경영자의 사생활에 대해 어떤 이미지를 가지고 있는가? 대저택에서 살고, 휴일에는 고급 별장에서 골프를 즐기는 걸로 생각할 수 있다. 어쩌면 이게 일반적인 이미지일지도 모르겠다.

실제로도 이러한 이미지대로 생활하고 있는 경영자가 적지 않다. 특히 미국 기업의 경영자들은 대부분 커다란 별장을 갖고 있다. 일본의 별장과는 차원이 다른 넓은 곳이다.

이러한 호화로운 생활이 인정되는 것은 미국의 경우 경영자 개인의 금전적 욕구와 업무상 목적이 일치하기 때문이다. 미국 경영자는 회사의 업적을 높이는 대신 거액의 보수를 추구한다. 많은 보수를 얻어 일찍 은퇴한 뒤 유유자적하는 생활을 보내기 위해서다. 노후에는 마이애미 등에서 대저택 생활을 만끽한다.

그렇다면 나는 어떠한가. 지금도 과장 때 샀던 주택에서 계속해서 생활하고 있다. 두 번에 걸쳐 집을 수리했지만 이사는 한 번도 가지 않았다. 시간을 쓸데없이 낭비하고 싶지 않기 때문이다. 별장을 갖고 있지만 산 것은 아니다. 애초부터 별장을 갖고 있었다고 해도 거의 간 적이 없기 때문에 낭비가 되어버렸다.

나는 호화롭게 살고 싶어서 일하고 있는 것이 아니다. '회사를 성장시키자'라는 업무상의 목적이 나 자신의 보람이 되고 있다. 나의 보수는 사외이사인 프랭크 씨가 위원장으로 있는 보수위원회가 결정하고 있다. 나는 일체 관여하지 않는다.

일이 곧 내 삶의 보람이다. 매일매일 업무에 대처하고 있기 때문에 충실한 경영자의 인생이라고 생각하고 있다.

95
사심 없는 사람의 각오와 기백은 국경을 넘어 통한다

나는 해외에서 많은 일을 했다. 그중에는 훌륭한 사람들과의 만남도 있었다. 특히 인상 깊었던 사람은 앞에서 언급했던 폴란드의 예지 오르세프스키 씨이다.

나는 1967년 오르세프스키 씨와 처음 만났다. 당시 부장이던 나는 폴란드를 상대로 기술 수출 협상을 하고 있었다. 그러나 협상 파트너인 공단과 대화가 순조롭게 진행되지 못했다. 폴란드의 사회주의체제와 관료주의로 인해 좀처럼 협상에 진전이 없었다. 화가 나서 속이 타던 나는 "귀국하겠다"고 상대에게 전달하고, 협상 자리에서 일어났다.

그때 협상 상대로 나타난 사람이 노동조합의 최고 책임자였던 오르세프스키 씨이다. 그는 교섭의 모든 책임을 지겠다고 약속했고, 이후 협상은 차례차례 진행되어 나갔다. 관료주의와는 정말 상반되는 인물이었다.

그는 프로젝트에 관한 생각을 거침없이 쏟아냈다.

"폴란드는 과거 제2차 세계대전으로 나치 독일의 침략을 받았습니다. 지금은 냉전체제하에 소련으로부터 압력을 받고 있습니다. 국가 재건을 위해선 최신 기술을 도입해 산업을 일으킬 수밖에 없습니다."

이러한 오르세프스키 씨의 태도에서 국가와 사회를 위해 온몸을 던지는 기백을 느꼈다. 온몸을 바쳐 협상에 임하는 그를 보고 나 자신도 몸을 불사를 각오로 대응했다. '독단전행'이라고도 할 수 있지만, 나는 그 자리에서 스스로 판단해 협상을 마무리했다.

큰 프로젝트의 협상에서 중요한 것은 협상 상대와의 신뢰와 현장에서의 판단력이다. 현장에서 상호 간에 온몸을 던져 일하지 않으면 협상이 타결되지 않는다. 다시 말해, 현장에서 협상하고 있는 사람의 업무 역량과 판단을 불신하거나 승인할 수 없는 회사는 초대형 협상을 성사시킬 수 없다. 협상 테이블의 모든 사람들이 불평하지 않도록 할 자신과 각오가 필요하다.

오르세프스키 씨와의 협상에서는 상호 간에 그러한 각오가 넘쳐났다. 사심이 없는 사람의 각오와 기백은 동서양과 국경의 장벽을 넘어 통한다. 당시 내가 내렸던 판단은 원래 일개 부장이 결정할 수 있는 사안이 아니었다. 그러나 나에게 중요한 것은 오로지 업무에 최선을 다해 판단을 내리는 것뿐이었다.

나는 자신이 있었기 때문에 다른 사람에게 어떻게 보일지에 대해 신경 쓰지 않았다. 만약 당시 경영진이 합리적이지 않거나 형식만을 중요시했다면 "그런 계약은 인정할 수 없다"고 결정했을 것이다. 그 랬다면 나는 망설이지 않고 회사를 그만두었을 것이다. 온몸을 던져 일한다는 것은 이런 것이다.

모든 것을 걸고 사업을 해온 오르세프스키 씨와 나와의 관계는 그 뒤로도 이어졌다. 그의 집에도 몇 차례나 초대를 받았다. 폴란드의 경 제부흥에 대해 진지한 이야기를 나누었던 기억도 있다.

오르세프스키 씨와는 비즈니스 관계를 넘어 소중한 친구가 되었다. 그도 비슷한 생각을 갖고 있었다. "세계에 마음을 나눌 수 있는 친구 가 3명 있다. 한 명은 영국인, 다른 한 명은 프랑스인이고, 세 번째는 일본인 치히로, 당신이다"라고 말한 적도 있다.

그 뒤 오르세프스키 씨는 경제기획청장관, 화학공업장관, 무역해운 장관 등 폴란드 정부의 많은 요직을 역임했다. 정부에서 둘째로 높은 위치까지 올랐지만 순수한 애국심과 친구를 소중히 하는 태도는 변 하지 않았다. 오르세프스키 씨는 1980년에 세상을 떠났다. 그와의 추 억은 늘 어제 일처럼 생각이 난다.

96
경영은 경영서가 아닌 실천으로부터 배워야 한다

세상에는 온갖 경영 서적들이 넘쳐난다. 이 책들은 경영에 도움이 된다고 주장하고 있지만, 나는 경영서를 거의 읽지 않는다. 거기에는 크게 두 가지 이유가 있다.

첫 번째는, 경영은 실천으로부터 배워야 한다는 신념 때문이다. 일반적으로 경영서는 학자나 컨설턴트들이 쓴 것이 많다. 경영 실적이 없는 사람이 서술한 경영론은 학문으로서는 의미 있을지 몰라도 경영자 입장에선 흥미를 찾을 수 없다.

그러나 미국 제너럴일렉트릭GE의 명경영자인 잭 웰치가 쓴 책은 매우 흥미롭게 읽었다. 그가 실천해온 경영의 실체가 책 속에 모두 담겨있기 때문이다. 기업 현장에서 실천하고 있는 경영자의 목소리가 들어 있어야 경영론에 설득력이 있다. 탁상공론으로는 경영자의 심금을 울릴 수 없다.

두 번째는, 고정관념에 빠질 수 있는 우려 때문이다. 대부분 경영서는 케이스스터디를 통해 하나의 경영 형태로 이야기를 수렴하는 경우가 많다. 이야기의 절차로선 명쾌하지만 한 가지 형태에 끼워 맞춘 것이다. 따라서 실제 경영과의 괴리가 크다고 할 수 있다.

현실 상황은 끊임없이 변한다. 경영자는 그러한 객관적인 정세를 정확히 이해하고, 어떻게 하는 것이 회사에 가장 유리할까를 판단해야 한다. 최적의 형태를 그때마다 만들어 실천해나갈 수밖에 없다. 고정된 방법은 통용되지 않는 것이 '경영'이다.

따라서 나는 고정된 경영 형태를 갖지 않으려고 힘쓰고 있다. 형태에 매몰되지 않는 것을 중시하고 있는 이상, 하나의 경영 형태를 강요하는 경영서에 흥미가 생기지 않는 것은 어쩌면 당연하다.

경영 서적을 거의 읽지 않지만, 그렇다고 해서 책을 전혀 안 보는 것은 아니다. 역사서는 즐겨 읽는다. 예를 들어, 영국의 존 딘 포터가 1965년에 쓴 《태평양의 제독 : 야마모토 이소로쿠의 생애Admiral of the Pacific : The Life of Yamamoto》이다. 이 책은 너무 재미있어서 몇 번이나 읽었다. 역사서는 장기적인 시야와 다각적인 관점을 배양시켜주기 때문에 경영에도 큰 도움이 된다.

내가 역사에 흥미를 가진 계기는 오카야마의 제6고등학교(현 오카

야마대학) 시절 '사학회' 서클에서 역사를 공부하면서부터다. 사학회는 졸업 후에도 이어졌다. 제6고교에서 서양사를 전공했던 오오노 마유미 선생을 중심으로 역사에 대한 여러 가지 논의가 이뤄졌다. 오오노 선생은 안타깝게도 2002년 서거하셨다.

그 이후에도 선생의 유지를 받들어 활동을 계속하고 있다. 사학회를 통해 나는 역사를 객관적으로 이해할 수 있다는 것을 배웠다. 그래서 학문적으로, 과학적으로 역사를 보는 눈을 갖게 됐다. 또한 경영에서도 이런 관점을 살릴 수 있게 됐다. 늘 감사하게 생각한다.

역사를 알면 현대의 어려운 시대를 냉정하게 바라보는 것이 가능하다. 예를 들어, '패권국'인 미국은 앞으로 어떻게 될 것인가, 경영자로서 세계의 형세를 어떻게 예측해갈 것인가 등에 대해 역사에서 힌트를 얻을 수 있다.

역사는 일종의 변증법적인 과정을 답습한다. 냉전 붕괴 후 유일의 초강대국이 된 미국이 지배하는 세계를 '정'이라고 한다면, 현재는 미국의 힘이 상대적으로 약해져 있고, 중국이 등장하는 '반'의 과정이라 할 수 있다. 변증법적으로 보면, 이대로 '반'의 과정이 일방적으로 진행되어 미국이 쇠퇴할 것이라고는 생각하지 않는다.

미국은 '반'의 상태를 의연하게 받아들여 한 단계 더 높은 곳에 오를 가능성이 크다. 다시 말해, 미국이 재부상하는 '합'의 과정이 올 것으로 나는 보고 있다. 이처럼 다각도로 생각해보는 것이 바로 역사를 배우는 묘미이다.

97
자유롭게 업무를 즐기는 마음을 유지하라

어느 대기업의 최고경영자가 은퇴할 때 이런 말을 했다.

"업무를 하면서 즐겁다고 생각한 적은 한 번도 없다."

그런데 똑같은 경영자인 나는 이러한 생각을 도저히 이해할 수가 없다. 왜냐하면 나에게 있어 경영자로서 일하는 것은 인생을 충실하게 만들기 때문이다. 또 일하는 것 자체도 즐겁다.

물론 아무리 즐겁다 해도 경영자의 업무는 매우 힘든 격무이고 엄청난 에너지를 필요로 한다. 나의 경우, 그 에너지의 원천은 일종의 사명감이다. 구체적으로 말하자면, 주주에게 보답하겠다는 사명감을 갖고 경영을 해왔다.

주주들이 "당신에게 경영을 맡겼더니 진정으로 잘해줬다"라고 말하며 기뻐하는 것이 에너지가 되었다. '주주에 대한 공헌'이라는 사명감과 책임감은 경영자에게 특별한 의미를 갖는 것으로, 일반 임원이 가지는 의미와는 매우 큰 차이가 있다.

내가 담당하는 업무에 대해 항상 최고의 결과를 목표로 해야 한다는 일념으로 열심히 일했다. 이는 자신의 역할을 다해 주주에게 보답하는 회사의 경영 목적과 일맥상통한다. 하지만 나도 임원 때까지는 주주에게 공헌한다는 것을 직접적으로 생각했던 것은 아니다.

그러나 경영자가 된 후 의식이 확실히 달라졌다. 결과로서 공헌이 가능하다면 좋다는 것이 아니라 주주에게 보답하는 것을 목적 자체로 의식하게 됐다. 이러한 사명감을 에너지로 삼아 즐겁게 일하면서 회사를 경영해왔다.

무언가에 쫓기듯 일하는 사람도 있지만, 그러한 업무태도는 사명감과는 완전히 다르다. 긴장감을 완화해가면서 자연스럽게 일을 즐기는 자세가 아니면 에너지는 나오지 않는다. 지속적으로 일을 해나가는 것도 불가능하다.

강요받은 의무감은 사람을 긴장시킨다. 하지만 내면에서 우러나오는 사명감은 오히려 사람을 자유롭게 만든다. 경영자는 자유롭게 업무를 즐기는 마음을 계속해서 가질 수 있는 사람이어야 한다.

98
인생의 위기 때마다 젊어서 돌아가신 아버지께서 지켜주셨다

지금까지 인생에서 몇 번이나 생사의 기로에 선 적이 있다. 1953년에 결혼하고 얼마 지나지 않아 병에 걸려 정신적으로 많이 괴로웠다. 건강을 과신했기에 BCG 접종을 받지 않아 그만 폐결핵에 걸리고 말았다.

중학생 때 손금을 보는 점쟁이가 "너는 절대로 병에 걸리지 않는다"라고 말한 것을 곧이곧대로 믿었던 것이다. 지금 생각하면 정말 말도 안 되는 이야기이다. 아니나 다를까 나는 병에 걸리고 말았고, 요양생활을 하게 됐다.

옛날에는 폐결핵에 걸리면, 기요세촌(현재 도쿄의 기요세 시-옮긴이)에 있는 결핵 요양소에 보내져 더 이상 나오지 못한다고 알려졌었다. 당시 결핵은 암보다도 무서운 병으로 인식됐다. 그러나 운 좋게도

1950년부터 결핵의 특효약인 스트렙토마이신이 건강보험 적용 대상이 됐다. 때문에 과거 불치병으로 알려진 결핵도 내가 병에 걸렸을 때는 서민이어도 충분히 치료 가능한 병이 됐다.

스트렙토마이신은 보험 대상 약품이 되기 전에는 월급으로 겨우 한 번 살 수 있을 정도로 비쌌다. 더구나 이 약은 지속적으로 투여하지 않으면 안 됐다. 따라서 그러한 재력이 없는 보통 사람은 꼼짝없이 죽음을 기다리는 수밖에 없었다.

건강보험으로 스트렙토마이신 치료를 받게 된 나는 집에서 요양생활을 했다. 주 2회, 스트렙토마이신을 주사했다. 절대 안정을 취하라는 지시를 받았다.

그로부터 반 년 이상을 병과 싸웠다. 하루 종일 천장만 바라보는 생활은 고통스러웠다. 등에는 이끼가 낄 정도였다.

매일 저녁 잠이 들면 두부장수의 나팔소리가 들렸다. 건강할 때라면 아무것도 생각하지 않았겠지만 와병 중이었기 때문에 슬픈 음색이 귀에 남았다. 결핵이 완치된 후에도 두부장수의 나팔소리를 들을 때마다 괴로운 투병생활의 기억이 되살아났다.

하지만 그러한 생활 중에도 결코 적극적인 마음가짐을 잃지 않았다. 요양 중에 회사의 현상 논문에 응모했다. 당시 나는 신에츠화학에 입사하기 전으로 상사에 근무하고 있었다. 상사의 관리부에서 불량채권 회수 업무 등을 담당한 경험을 살려 논문 테마를 그것으로 정했다.

연필을 잡을 수 없어 구술필기로 아내에게 논문을 정리하도록 부탁했다. 이 논문으로 놀랍게도 1등 상을 받았다. 상금은 1만 엔이었다. 당시는 아직 고가였던 나일론 우비를 사서 아내에게 선물해준 기억이 난다.

그때 내가 폐결핵을 이겨내고 생활할 수 있었던 것은 아내의 헌신적인 간병뿐 아니라 무엇인가 불가사의한 힘이 작용하고 있었던 덕분이라고 생각한다.

인생의 위기, 즉 생사의 기로에 섰을 때마다 나를 지켜준 존재는 바로 젊어서 돌아가신 나의 아버지가 아닐까 하는 생각을 한다.

재판관이던 아버지는 45세라는 젊은 나이에 세상을 떠나셨다. 당시 6살이던 내 기억에 남아 있는 것은 병원에서 임종 순간 아버지의 손을 잡은 것뿐이다. 그때 나는 죽음이라는 것을 이해하지 못했다. 아버지의 죽음에 대해 실감할 수 있는 나이도 아니었다.

대들보를 잃어버렸지만, 우리 집은 부동산 임대 수입과 연금이 있어 생활하는 데 특별히 어려움은 없었다. 그래도 여자 혼자서 남자아이 4명을 키우신 어머니의 어려움은 매우 컸을 것이다.

소년 시절에는 '아버지가 살아계셨더라면' 하고 생각한 적도 있었다. 그러나 어머니는 자랑이었던 아버지를 잃고도 열심히 사셨다.

그러한 어머니를 보고 자랐기 때문인지 나 또한 아버지의 죽음을 운명으로 받아들이고 열심히 생활했다. 그런 나를 지금까지도, 그리고 앞으로도 아버지께서 지켜봐 줄 것으로 믿고 있다.

99
젊은이의 능력은 무한하다

젊은이들은 한계가 없는 가능성을 갖고 있다. 그 능력은 무한대이다. 그러한 젊은이들의 성장과 활약을 기대하며, 입사식 등에서 다음과 같은 메시지를 신입사원들에게 보내고 있다.

신에츠화학의 미국 자회사인 신텍은 1974년에 조업을 시작했다. 당시 연간 생산량은 10만 t이었고, 미국에서 13위의 PVC 메이커에 지나지 않았다. 지금은 세계 1위의 규모와 수익력을 갖춘 PVC 메이커로 성장했고, 지금도 계속 성장하고 있다.

신입사원 여러분들도 반드시 제2, 제3의 신텍을 만들어 성장시키겠다는 커다란 꿈과 기백을 가져주길 바란다. 이러한 꿈을 현실화시키기 위해 중요한 것은 먼저 업무 역량을 몸에 익히는 것이다. 실제 업무를 하면서 배우면 절대 잊어버리지 않는다. 탁상공론이 아닌 일상의 업무를 통해 일하는 역량을 착실히 몸에 익히는 것이 중요하다.

또한 전문 분야의 학습을 통해 지식을 몸으로 익힐 필요도 있다. '나의 전문 분야라면 누구에게도 결코 지지 않는다'라는 자신을 갖고 말할 수 있도록 실력을 쌓아야 한다.

사회에서 중요한 것은 개인의 역량뿐만이 아니다. 일하는 사람들이 서로 협력해서 대처하는 것이 꼭 필요하다. 화학의 세계에서 유기물은 탄소, 수소, 산소, 질소 등 제한된 원소로 구성돼 있다. 이러한 원소가 결합해 다양한 특성을 갖는 유기 화합물이 만들어진다. 화학 메이커인 신에츠화학도 동일한 결합을 이뤄가기를 기대한다.

직장에서 만나는 수많은 상사, 선배, 동료와의 관계를 무한으로 넓혀 새로운 제품, 새로운 기술, 새로운 일을 만들고, 업무를 통해 성장하기를 바란다. 이러한 메시지를 받아들인 젊은이들이 신에츠화학에서 매일매일 기술과 능력을 갈고닦고 있다.

사회 선배로서 나의 충고가 신에츠화학의 신입사원뿐만 아니라 넓게는 젊은 사회인들에게도 도움이 된다면 큰 기쁨이겠다. 모처럼 만에 독자인 모든 분을 위해 조금이라도 도움이 되라는 의미에서 부연 설명해본다.

첫째, 눈앞의 과제를 중시해야 한다. 꿈은 크게 가져야 하지만 그렇다고 해서 눈앞의 일을 소홀히 해서는 안 된다. 지금 하고 있는 일에서 보다 좋은 결과를 내는 것부터 시작하기를 바란다. 이렇게 하기 위해서는 지금까지와는 다른 관점과 발상으로 업무를 보고, 효율성을 높이는 방법을 생각해야 한다.

이처럼 눈앞의 과제를 해결해가는 일을 축적해나가면 상당한 실력이 쌓인다.

둘째, 늘 새로운 일에 도전하기를 바란다. 첫 번째 일이 확실하게 가능해지면 거기에 안주하지 말고 새로운 업무에 도전해야 한다. 새로운 발상과 번뜩이는 재치로 단련된 사람은 반드시 성공할 수 있다.

마지막으로, 일은 즐겁게 해야 한다. 즐겁게 일하는 것이 불가능한 사람은 자신의 본래 역량을 발휘할 수 없다.

일을 즐겁게 하기 위해서는 우선 심신의 건강을 유지해야 한다. 심신이 피곤하면 일을 즐기는 것이 불가능하다. 물론 결과를 내기 위해 평소의 갑절 이상으로 일해야 하는 경우도 있겠지만, 그다음에는 충분히 휴식을 취하고 다음 일을 준비해야 한다.

다음으로 일에 대한 적극적인 생각을 갖도록 한다. 단지 명령이기에 하고 있다는 생각을 버려야 한다. '이 분야에서 큰 성과를 올리고 싶다'라든가 '누구도 하지 못했던 것을 성취하고 싶다'와 같은 긍정적인 생각을 갖는다면, 정말로 일의 즐거움을 맛보는 것이 가능하다.

지금부터 이 사회를 짊어지고 나갈 사람은 바로 젊은이들이다. 눈앞의 일을 즐기면서 성장하기를 기대한다.

100
세계를 향해 웅비하라

지금까지 세계 곳곳을 돌아다녔다. 제2차 세계대전 이전의 일본이 갖고 있던 '해외를 향해 웅비하고 싶다'는 기개가 커다란 계기가 되었다.

내가 존경하는 야마모토 이소로쿠 연합함대 사령장관의 휘호에는 "일약웅비의 5대주"라는 말이 적혀 있다. 세계대전 이전의 일본은 세계를 향해 나가고자 하는 패기가 있었다.

그러나 일본은 몇 번의 전쟁을 거쳐 태평양전쟁에 돌입, 패전했다. 전쟁에서 패한 뒤 과거의 패기도 한순간에 위축됐다. 세계를 향해 날아가겠다는 기개도 상실했다. 그러나 나는 전혀 위축되지 않았다. 어쩌면 패전이라는 사건이 나를 더욱 적극적으로 만들었다고 생각한다.

전쟁과 비교할 경우 사업에서의 경쟁은 두려워할 필요가 없다. 나는 전쟁 당시 고등학생이어서 참전하지 못했지만, 오카야마의 제6고등학교(현 오카야마대학) 기숙사에 있을 때 공습을 받았다.

기숙사가 다 타버려 조선 경성(현재 서울)의 집으로 귀성할 때는 기뢰를 피해 가면서 현해탄을 건넜다. 항해하는 선상에서도 공습을 받을 위기에 처한 적이 있다. 당시 삶과 죽음의 경계선을 빠져나왔던 체험으로 확실히 담력이 커졌다.

패전이 나에게 준 또 다른 영향은 '다음에는 다른 방식으로 이기고 싶다'라는 생각을 품게 만들었다는 것이다. 일본은 전쟁에서 너무도 비참하게 패배했다. 때문에 '이것으로 끝은 아니다'라는 생각을 마음속 어딘가에 담고 있었던 것 같다. 물론 전쟁을 한 번 더 한다는 뜻은 결코 아니다.

'사업의 세계에서는 이런 일도 가능하다'라는 것을 세계에 보여주고 싶었다. 이런 생각에서 세계를 무대로 사업으로 경쟁하는 것을 목표로 삼게 됐다. 실제로 해외로 웅비해 '늘 전쟁터에서' 세계를 상대로 경쟁해왔다.

감사의 말

이 책을 집필하기까지 지금껏 한 말을 되돌아보았다. 내키는 대로 말한 것 같기도 하지만 모두 실제 경험을 통해 체득한 진솔한 생각을 글로 담은 것이다. 이 책이 모든 독자분들의 마음에 닿아 조금이라도 도움이 된다면 기쁘겠다.

힘 앞에선 결코 굴복하지 않는 것이 나의 타고난 성격이다. 특히 합리적이지 않은 것은 수용하지 않는다. 이상하다고 생각할 때는 기탄없이 나의 의견을 제시했다. 그러나 늘 '회사에 공헌하기 위해서는 어떻게 해야 할까?', '회사를 지속적으로 성장시키기 위해서 어떻게 하면 좋을까'라는 관점에 집중했다. 주위의 잡음에 개의치 않고 최선을 다해 믿는 길을 전진해왔다.

그러한 나를 계속해서 따스하게 지켜봐주고, 이따금 감싸준 분이 신에츠화학의 사장과 회장을 역임했던 오다기리 신타로 씨이다. 오다기리 씨는 언행이 부드럽고, 늠름한 신사였다. 그를 만난 나의 미국인 비서는 심지어 그를 '귀족'으로 칭할 정도였다.

그러나 업무에 있어 오다기리 씨의 인물 평가는 엄정했다. 그는 단지 말만 잘하는 사람은 결코 믿지 않았다. 오다기리 씨는 나의 실적을 공정하게 평가해주었다. 그리고 잇따라 큰 임무를 맡겨주었다.

그는 창업 당시부터 경영에 참여했던 자회사 신텍이 성장할 때마다 진정으로 기뻐해줬다. 나 또한 그의 기상에 감동해 기대에 부응하겠다는 일념으로 한층 더 업적 향상을 위해 힘을 쏟았다. 오다기리 씨가 오늘의 신텍과 신에츠화학을 보면 얼마나 기뻐할까.

기술면에서 나의 경영을 지원해준 분은 신에츠화학의 부사장까지 올랐던 고야나기 준이치 씨이다. 그의 공헌이 없었다면, 신에츠화학이 PVC 분야에서 세계 1위의 지위를 구축하는 것이 불가능했을 것이다. 고야나기 씨가 심혈을 기울인 기술은 현재 크게 빛을 보고 있다. 그의 공적에 다시 한번 감사의 말을 바친다.

그리고 아내 테루코에게도 감사의 말을 전하고 싶다. 지금까지 내가 안심하고 업무에 전념할 수 있도록 가정을 지키고 헌신적으로 지지해준 그녀가 있었기 때문에 나는 한 마음으로 업무에 정진할 수 있었다. 유감스럽게도 그녀는 1년 전 하늘의 부름을 받았지만 그녀와는 말로 다 할 수 없는 감사의 추억이 너무 많다. 지금도 미소 짓는 그녀가 나를 지켜주고 있다고 믿는다.

마지막으로, 이 책의 출판에 절대적인 힘을 쏟아준 다카라지마 출판사의 모든 분에게 마음으로부터 감사드린다.

가나가와 치히로

중앙경제평론사 Joongang Economy Publishing Co.
중앙생활사 | 중앙에듀북스 Joongang Life Publishing Co./Joongang Edubooks Publishing Co.

중앙경제평론사는 오늘보다 나은 내일을 창조한다는 신념 아래 설립된 경제 · 경영서 전문 출판사로서
성공을 꿈꾸는 직장인, 경영인에게 전문지식과 자기계발의 지혜를 주는 책을 발간하고 있습니다.

가나가와 치히로의 경영 성공철학 100가지 비법

초판 1쇄 발행 | 2018년 9월 10일
초판 2쇄 발행 | 2018년 9월 20일

지은이 | 가니가와 치히로(金川千尋)
옮긴이 | 최인한(InHan Choi) · 김종필(JongPil Kim)
펴낸이 | 최점옥(JeomOg Choi)
펴낸곳 | 중앙경제평론사(Joongang Economy Publishing Co.)

대　　표 | 김용주
책임편집 | 유라미
본문디자인 | 박근영

출력 | 한영문화사 종이 | 에이엔페이퍼 인쇄 | 한영문화사 제본 | 은정제책사

잘못된 책은 구입한 서점에서 교환해드립니다.
가격은 표지 뒷면에 있습니다.

ISBN 978-89-6054-206-8(03320)

원서명 | 常在戰場 金川千尋100の実践録

───────────────────────

등록 | 1991년 4월 10일 제2-1153호
주소 | ㉾ 04590 서울시 중구 다산로20길 5(신당4동 340-128) 중앙빌딩
전화 | (02)2253-4463(代) 팩스 | (02)2253-7988
홈페이지 | www.japub.co.kr 블로그 | http://blog.naver.com/japub
페이스북 | https://www.facebook.com/japub.co.kr 이메일 | japub@naver.com
♣ 중앙경제평론사는 중앙생활사 · 중앙에듀북스와 자매회사입니다.

도서
주문 www.**japub**.co.kr
전화주문 : 02) 2253 - 4463

※ 이 도서의 국립중앙도서관 출판시도서목록(CIP)은 서지정보유통지원시스템 홈페이지(http://seoji.nl.go.kr)와
국가자료공동목록시스템(http://www.nl.go.kr/kolisnet)에서 이용하실 수 있습니다.(CIP제어번호:CIP2018024701)

중앙경제평론사에서는 여러분의 소중한 원고를 기다리고 있습니다. 원고 투고는 이메일을 이용해주세요.
최선을 다해 독자들에게 사랑받는 양서로 만들어 드리겠습니다. **이메일 | japub@naver.com**